JN441026

나와 우리 가족
교환일기

나와 우리 가족
교환일기

사랑하는 ______________ 에게,

네 앞에 놓인 모든 길을 축복하고 응원한다.

와

의

교환일기

✦

교환일기를 시작한 날

년

월 일

서로의 마음에 노크하는 시간

“일기를 써 본 적이 있나요?”라는 질문에는 대부분 자신 있게 “네!” 하고 대답할 거예요. 하지만 “일기를 즐겁게 써 본 적이 있나요?”라는 질문에 선뜻 대답하기는 어렵지요. 왜 그럴까요? 일기는 잘 써야 하는 숙제나 틀리면 안 되는 글처럼 느껴지기 때문이에요. 그래서 솔직하게 쓰기보다 예쁘게 쓰려고만 하다 보니 어렵고 재미없어지는 것이지요.

하지만 사실 일기는 평가받아야 하는 시험도, 경쟁도 아니랍니다. 글씨가 조금 삐뚤빼뚤해도, 표현이 서툴러도, 맞춤법을 틀려도 괜찮아요. 일기는 마음을 있는 그대로 남기는 글이니까요.

이 책은 ‘나와 우리 가족’ 사이에 놓인 작은 문이에요. 일기를 통해 하루에 한 번씩 노크하며 서로의 마음을 살펴보는 통로와도 같지요. 그러니 솔직하고 자유롭게 표현하면 충분해요. 오늘 무슨 일이 있었는지 자세히 쓰지 않아도 좋고, 매일 쓰지 않아도 괜찮아요. 가끔은 이 책에 있는 질문에 바로 답하지 못할 때도 있을 거예요. 내 마음이지만 헷갈릴 때가 있거든요. 어쩌면 생각을 오래 하고 마음을 정리한 후에야 답할 수 있는 질문을 만날 수도 있고요.

기분이 안 좋거나 몸이 힘든 날에는 “오늘은 글을 쓰기가 힘들어.”라고 솔직하게 말해도 괜찮아요. 의무감에 억지로 글을 쓰는 것보다는 몸과 마음이 회복된 날에 다시 천천히 시작하는 것이 더 좋답니다. 이 책의 목적은 빠르게 글을 쓰거나 멋진 글을 완성하는 것이 아니라 서로의 마음에 조심스럽게 다가서는 것이니까요.

가족과 나는 세상에서 가장 가까운 사이지만, 서로에 대해 잘 몰랐던 부분이나 서운했던 감정이 있을 수 있어요. 친한 사이도 꾸준한 소통을 통해 서로를 이해해야 할 필요가 있거든요. 말하지 않아도 다 알아주기를 기대하면 서로에게 불만이나 불평이 쌓일 거예요. 이 책을 통해 미안했던 마음, 고마웠던 감정, 잘 몰랐던 생각을 천천히 나누어 보세요.

자, 이제 시작해 볼까요?
연필을 들고 ‘오늘의 마음’을 서로에게 들려주세요.

똑똑! 조심스레 마음에 노크합니다.

글쓴이 김애리

교환일기를 시작하는

부모님에게 드리는 당부

★ 비밀은 꼭 지켜 주세요.

가끔 일기장에 '이건 엄마에게만 하는 말인데…'가 등장하거나, 친구들이나 자신의 이야기를 조심스럽게 털어놓을 때도 있을 거예요. 교환일기에 담은 내용은 반드시 비밀로 지켜 주세요. 웃으며 어딘가에 발설하거나 우연히라도 다른 가족 구성원을 통해 아이 귀에 들어가면 부서진 신뢰를 회복하는 데 아주 긴 시간과 노력이 필요합니다.

★ 정답을 알려주려고 애쓰지 마세요.

맞춤법이나 띄어쓰기, 문장 부호와 같은 글쓰기에서의 '정답'만 알려 주려고 하다 보면 아이는 당연히 이 시간이 부담스럽고 갑갑하게 느껴질 거예요. 표현이 서툴러도, 글자가 삐뚤어져도 괜찮습니다. 아이가 어떤 상황에서 어떤 마음이 들었고, 그 감정을 어떤 식으로 표현했는지에 주목해 주세요.

★ 평가 대신 공감을 채워 주세요.

"그건 잘못된 생각이야."
"이 표현은 좀 이상한데?"
"위험한 행동을 했었구나?"
"친구에게 그렇게 말하면 안 되지."

이런 부정적인 평가 대신 공감의 언어를 먼저 들려주세요.

"그렇게 생각했구나."
"친구의 말에 그런 마음이 들었어?"
"우리 ○○이가 그때 많이 속상했겠네."

중요한 것은 아이의 마음을 이해하고, 보듬어 주는 일임을 잊지 마세요.

★ 결국 '사랑'입니다.

"너와 함께 이 공간을 채워 나가는 이유는 바로 사랑이야."
"너를 진심으로, 세상에서 가장 아끼고 사랑하기 때문에 우리 두 사람이 지금 함께 글을 쓰는 거란다."

우리는 아이에게 이 메시지를 들려주기 위해 글을 씁니다.
그러니 모든 글은 '사랑'으로 마침표를 찍어야 해요.

"언제나 너를 응원한단다."
"너의 감정과 생각은 존중받아 마땅해."
"오늘도 참 고마운 내 아이, 너는 언제나 소중한 존재란다."

더 많이 사랑을 표현하고, 더 자주 따뜻하게 안아 주세요.

교환일기를 시작하는

나와 하는 작은 약속

★ 솔직한 마음을 적어요.

일기는 마음을 거울처럼 비춰 주는 글이에요. 나답지 않은 말, 어른스러운 문장, 착하고 좋은 이야기만 쓰는 게 아니에요. 기분이 좋으면 좋은 대로, 안 좋으면 안 좋은 대로 그 이유를 생각해 보고 정리해서 글로 표현해 보는 거예요. 교환일기는 내가 '똑똑하고 착한 아이'라는 것을 증명하기 위해 쓰는 것이 아니라 내 마음을 나와 가족에게 들려주고 한 번 더 확인하기 위해 쓰는 것이랍니다.

★ 한 줄만 써도 괜찮아요.

글의 양은 중요하지 않아요. 단 한 줄이라도 내 마음을 잘 전달한다면 충분해요. 그러니 많이 써야 한다는 생각을 내려놓아요. 어떤 날은 글씨가 날아가거나 단 한 줄도 쓰기 싫을 수 있어요. 그냥 그런 날도 있는 거예요. 중요한 것은 많이 쓰는 것도, 하루도 빠지지 않고 쓰는 것도 아니에요. 내 마음을 꺼내 봤다는 사실이에요.

★ 가족의 글을 함부로 판단하지 않아요.

부모님도 나처럼 속상한 날과 우울한 시간이 있고, 실수한 경험도 많을 거예요. '엄마는 다 큰 어른이면서…', '아빠는 아빠면서 왜…'라는 마음으로 함부로 판단하지 않기로 해요. 그저 '엄마, 아빠도 이런 순간이 있고, 이런 마음이 들기도 하는구나.' 하고 헤아려 주면 충분해요. 그것이 우리가 함께 이 책을 읽고 글을 쓰는 이유랍니다.

★ 이 일기는 가족과 나 사이의 약속이에요.

친구에게 보여 주거나 장난으로 어디에 공개하면 안 돼요. 이 책은 가족과 나 서로에게 가장 안전한 공간이 되어야 해요. 그러니 비밀을 끝까지 지켜 주고, 가족의 이야기를 소중하게 간직하기로 해요.

★ 이 일기장은 '사랑'으로 채워 나가요.

교환일기를 쓰는 이유는 서로를 더 사랑하고 깊이 이해하기 위해서예요. 언제나 서로가 서로의 편임을 기억하고, 이 책에 담긴 모든 말의 바탕에 '사랑'이 있음을 잊지 마세요.

이 책을
시작하는 방법

지금부터 우리는 4개의 장에서 총 40개의 이야기를 만나게 될 거예요.

이야기를 읽고 쓰는 순서가 고정되어 있냐고요?

이 책은 순서대로 읽고 쓰지 않아도 괜찮아요.

매일 쓰지 않아도 좋고요.

'차례'를 둘러보다가 마음에 드는 주제가 있다면

그것부터 시작하면 돼요.

하나의 이야기가 끝나면, 다음 주제를 골라 보세요.

그렇게 하나씩 함께 읽고 쓰면서

가족과 함께 마음과 생각을 나누는 시간을 가져 보세요.

자, 이제 시작해 볼까요?

이 책의
구성 및 활용 방법

★ 함께 읽을 글을 골라요!

'차례'에서 함께 읽을 글을 골라 보세요.

년 월 일 요일

자신감은 없다가도 있는 것

자신감은 한 번 생기면 계속 유지될까요? 그렇지 않아요. 어떤 날은 힘이 나서 뭐든 잘할 수 있을 것 같다가도 또 어떤 날은 괜히 마음이 작아질 때가 있지요. 자신감이 넘쳐 보이는 친구도 어떤 날은 기운이 없고, 평소 자신감이 없어 보이던 친구도 어떤 날은 눈빛이 반짝일 때가 있는 것처럼요.

잘 떠올려 보세요. 나에게도 이런 경험이 있을 거예요. 그리고 자신감은 처한 상황이나 우리에게 찾아오는 감정에 따라서 높아졌다가 낮아지기도 한다는 것을 기억해야 해요.

자신감이 잠깐 사라졌다고 걱정할 필요는 없어요. 사람들에게는 모두 그런 날이 종종 있거든요. 중요한 것은 자신감을 잃은 나를 다그치거나 미워하지 않는 거예요. '저 친구는 항상 힘이 넘치는 것 같은데 나만...' 이런 생각을 하며 누군가와 비교하는 것도 금물이에요. 늘 기운이 넘쳐 보이던 친구도 자신감이 떨어져서 다른 사람이 볼 수 없는 곳에서 조용히 울었던 날이 있을지도 몰라요.

30 나와 우리 가족 교환일기

★ 함께 읽어요!

선택한 주제의 글을 함께 읽어 보세요.

★ 함께 써요!

선택한 주제와 관련 있는 글쓰기 활동을 함께해 보세요.

- 글을 읽은 후 생각할 만한 주제가 제시되어 있어요. 이 주제에 대해 **'어린이'**가 자신의 생각을 일기로 써 보세요.

SONS AND DAUGHTERS

나만의 힐링 푸드, 소울 푸드

오늘 학교에서 친한 친구와 말다툼을 해서 슬펐다.
계속 생각이 나서 조금 후회되고, 집에 온 다음에도
마음이 자꾸 가라앉았다.
그래서 내가 좋아하는 초콜릿을 한 조각 먹었다.
좋아하는 초콜릿의 달콤한 맛이 입안에 퍼지니까
슬픈 마음이 조금 풀렸다.
내일은 용기 내서 먼저 사과해야지.

함께 나눠요

OO 와 함께 만들고 싶은 힐링 푸드가 있단다.

우리 OO는 달콤한 것을 좋아하니 다음에 푸딩을 같이 만들어
볼까? 한천과 우유로 만든 과일 푸딩이 맛있어 보이더라.
시원한 푸딩을 같이 만들면, 기분 좋은 추억이 될 것 같은데, 어때?

- 어린이의 일기에 대해 나누고 싶은 이야기를 **'부모님'**이 써 주세요.

나만의 힐링 푸드, 소울 푸드

OO가 쓴 글을 읽어 보니, 오늘 많이 슬펐구나. 그래도 내일 친구에게 먼저 사과하겠다니 아빠는 참 기특하다고 생각했어. 아빠는 오늘 일이 많아서 마음이 조급해지고 화가 난단다. 그러다 홧김에 괜히 짜증을 내 버렸는데, 너무 예민하게 굴었다는 생각이 들어서 미안하고 마음이 무거웠어. 그래서 아빠는 학창 시절부터 즐겨 먹던 매콤한 떡볶이를 먹었단다. 따뜻한 떡볶이를 한 입 먹으니 답답했던 속도 조금 풀리더구나. OO도 초콜릿을 먹고 슬픈 마음이 조금 풀렸다고 했잖아. 이렇게 힐링 푸드가 있다는 건 참 멋진 일 같아.

께 나 눠 요

아빠 와 함께 만들고 싶은 소울 푸드가 있어요.

아빠, 저는 매운 걸 잘 못 먹으니까 떡볶이를 만드는 것은 힘들 것 같아요. 대신 아빠가 말한 푸딩을 함께 만들어요!

- 글을 읽은 후 생각할 만한 주제가 제시되어 있어요. 이 주제에 대해 **'부모님'**이 자신의 생각을 일기로 써 주세요.
- 부모님의 일기에 대해 나누고 싶은 이야기를 **'어린이'**가 써 보세요.

1장 마음을 이해하는 연습

2장 사람 사이에서 배우는 마음

3장 일상에서 행복을 찾는 방법

4장 성장하는 나를 위한 습관과 생각

마음을 이해하는 연습

✦

나를 잘 돌보기 위해
마음의 소리를 듣고 나를 이해하는 이야기

년　월　일　요일

나에게 친절해지기

다른 사람에게 친절하게 대하는 것만큼 중요한 것은 나에게 친절한 마음과 태도를 유지하는 일이에요. 살다 보면 실수를 하거나 잘못을 할 때가 있을 거예요. 세상에 완벽한 사람은 없으니까요. 그럴 때 어떤 사람은 자신을 심하게 탓하거나 실수를 계속 떠올리며 속상해하고 슬퍼하지요. 심지어 '나는 별로인 사람'이라고 생각하기도 하고요. 일에 실수했을 뿐인데, 자신의 삶이 실패했다고 믿기도 해요.

하지만 실수는 '내가 부족한 증거'가 아니라 '내가 살아가고 있다는 증거'랍니다. 더 나아지기 위해 도전하고 노력하는 과정에서 생기는 자연스러운 일이지요. 생각해 보세요. 아무것도 하지 않으면 아무런 실수도 실패도 경험하지 않을 테지만, 우리는 안전하게만 살기 위해 태어난 것은 아니니까요.

사랑하는 사람이나 좋아하는 친구를 떠올려 보세요. 키우는 강아지나 고양이도 좋고요. 나에게 소중한 존재가 실수했을 때 비웃거나 욕하지는 않잖아요. 내가 할 수 있는 최선의 위로와 응원을 건네지요.

“괜찮아, 그럴 수도 있지.”
“우리 떡볶이나 먹으러 갈래?”
“너라면 다음번에는 더 잘할 거야.”

자신에게도 같은 태도로 다정한 말을 들려주면 돼요. 그럴 수도 있다고, 그 일 하나로 ‘나’라는 사람이 달라지지 않는다고 말이에요. 자기 자신에게 따뜻한 말을 건네는 것은 결코 나약한 일이 아니에요. 오히려 용기 있는 태도지요. 마음을 다쳤을 때 가장 먼저 위로해 줄 수 있는 사람은 결국 ‘나’뿐이니까요.

우리 자신에게 먼저 친절해지기로 해요. 그러면 마음이 편안해지고, 넓어진 마음으로 다른 사람에게도 더 따뜻한 사람이 될 수 있어요.

SONS AND DAUGHTERS

실수를 반복하는 나에게

실수해서 주눅이 들고 속상한 날에 대해 적어 보세요.

함께 나눠요

실수를 반복해서 속상한 ______ 에게 들려주고 싶은 말

MOM AND DAD

도 실수를 한단다.

최근에 했던 실수 한 가지를 떠올려 보고,
그때 어떤 태도를 취했는지 적어 보세요.

함 께 나 눠 요

실수를 극복한 에게 들려주고 싶은 말

년 월 일 요일

불안을 이해하는 방법

어떤 일을 앞두고 가슴이 두근거리거나 배가 살살 아프고, 자꾸만 나쁜 생각이 들었던 적이 있나요? 발표를 하기 전, 시험을 보기 전, 혹은 새로운 친구를 만나기 전과 같은 상황에서요. 이렇게 앞으로 일어날 일 때문에 걱정되고 마음이 조마조마한 상태를 '불안'이라고 해요.

불안은 우리 마음이 '조심해!' 또는 '걱정돼!' 하고 알려 주는 신호와 같아요. 그래서 불안할 때는 속이 울렁거리거나 머리가 어지럽기도 하고, 자꾸 화장실에 가고 싶기도 하지요. 이런 증상이 나타나면 나만 유별난가 싶어서 속상해질 수도 있어요.

불안을 느끼는 상황은 사람마다 달라요. 누군가는 사람들 앞에 섰을 때 불안해하지만, 그렇지 않은 사람도 있어요. 달리기나 수영을 하기 전에 '못하면 어쩌나?' 하는 생각에 팔다리가 후들거리는 친구도 있지만, 같은 상황이 즐겁고 설레는 친구도 있고요. 그러니 남들이 불안해하지 않는 상황에서 '나'만 몸이 굳는다고 해도 이상한 일은 아니랍니다. 중요한 것은 대다수의 사람이 불안해하는 상황을 이해하는 것이 아니라 내가 유독 떨리고 긴장되는 상황을 알아차리는 거예요.

때로는 중요하지 않은 일에도 불안이 너무 커져서 우리를 힘들게 할 때도 있을 거예요. 하지만 불안이 꼭 나쁜 것은 아니에요.

불안을 자세히 들여다보면 놀라운 점 하나가 보일 거예요. 바로 '잘 해내고 싶은 마음'이에요. 그러니까 친구들 앞에서 발표를 하기 전에 불안한 이유는 성공적으로 잘 끝내고 싶은 마음이 크기 때문이지요. 아무렇게나 대충 마무리 짓고 싶다면 불안하지도 않을 테니까요. 그러니 불안감이 찾아올 때는 '아, 내가 사실은 잘하고 싶어서 이렇구나.'라며 그 마음을 자연스럽게 인정해 주세요. 스스로에게 다음과 같이 말해 주는 것도 좋아요.

"내가 소심하거나 약해서 불안한 게 아니라 나에게 중요한 일이라서 그런 거야. 잘하고 싶은 마음은 예쁜 마음이야. 상대방을 실망시키고 싶지 않은 마음이거든. 그러니까 불안해도 괜찮아."

그리고 깊게 숨을 쉬면서 천천히 마음을 다스려 보세요. 어느덧 불안은 우리 안에서 '용기'로 바뀌어 있을 테니까요.

SONS AND DAUGHTERS

불안한 마음은 　　　　 색

불안할 때 마음은 어떤 색인가요?
불안 해소에 도움이 되었던 방법이 있나요?

함께 나눠요

마음의 색이 다양한 　　　　 에게 들려주고 싶은 말

MOM AND DAD

는 불안할 때 이렇게 한단다.

불안했던 순간은 언제인가요?
불안 해소에 도움이 되었던 방법이 있나요?

함 께 나 눠 요

때때로 제가 불안해 보이면, 이런 말씀을 해 주시겠어요?

년　　월　　일　　요일

자신감은 없다가도 있는 것

자신감은 한 번 생기면 계속 유지될까요? 그렇지 않아요. 어떤 날은 힘이 나서 뭐든 잘할 수 있을 것 같다가도 또 어떤 날은 괜히 마음이 작아질 때가 있지요. 자신감이 넘쳐 보이는 친구도 어떤 날은 기운이 없고, 평소 자신감이 없어 보이던 친구도 어떤 날은 눈빛이 반짝일 때가 있는 것처럼요.

잘 떠올려 보세요. 나에게도 이런 경험이 있을 거예요. 그리고 자신감은 처한 상황이나 우리에게 찾아오는 감정에 따라서 높아졌다가 낮아지기도 한다는 것을 기억해야 해요.

자신감이 잠깐 사라졌다고 걱정할 필요는 없어요. 사람들에게는 모두 그런 날이 종종 있거든요. 중요한 것은 자신감을 잃은 나를 다그치거나 미워하지 않는 거예요. '저 친구는 항상 힘이 넘치는 것 같은데 나만…' 이런 생각을 하며 누군가와 비교하는 것도 금물이에요. 늘 기운이 넘쳐 보이던 친구도 자신감이 떨어져서 다른 사람이 볼 수 없는 곳에서 조용히 울었던 날이 있을지도 몰라요.

자신감은 ‘계속해서 빛나는 등불’이 아니라 ‘꺼졌다가도 다시 켤 수 있는 촛불’과 같아요. 잠깐 바람에 흔들릴 수 있지만, 우리는 다시 불을 붙일 수 있어요. 불씨는 언제나 내 안에 남아 있으니까요.

자신감을 키우는 것은 거창한 일이 아니에요. 오늘 해야 할 일을 잘 해내거나 어제보다 조금 더 용기 내서 말 한마디를 꺼내는 것처럼 사소한 일에서도 자신감은 자라요.

나를 믿는 ‘습관’은 자신감을 지켜 주기도 해요. 잘하지 못했어도 “괜찮아, 이번에는 여기까지 해냈어.”라고 스스로 다독이는 연습을 해 보세요. 나를 꾸짖기보다 이해할 때, 내가 해낸 일들을 인정할 때 자신감은 회복된답니다.

자신감은 남들이 주는 것이 아니라 내가 스스로 길러내는 거예요. 그러니 다시 일어설 수 있다고 믿고, 우선 자신을 다정하게 보듬어 주세요. 자신감이 넘치던 어느 날의 나를 기억하면서요.

“오늘은 내가 조금 작게 느껴지네. 그래도 괜찮아. 내일은 다시 자신감이 자랄 테니까.”

SONS AND DAUGHTERS

자신감이 사라진 날의 나에게

함께 나눠요

자신감이 사라진 ____ 에게 들려주고 싶은 말

MOM AND DAD

도 자신감이 사라진 날이 있었단다.

함 께 나 눠 요

자신감이 사라진 ____________에게 들려주고 싶은 말

년 월 일 요일

내 마음이지만 내 마음대로 되지 않아요.

마음이라는 것은 때때로 참 이상하지요? 분명 '나'에게 속해 있지만 내가 원하는 대로만 움직이지는 않거든요. 내 마음이지만 어떤 날은 낯설게 느껴질 때도 있고, 또 어떤 날은 생각과 달리 뾰족한 말을 하거나 엉뚱한 행동을 할 때도 있잖아요. 마음도 손이나 발처럼 내 뜻대로 움직일 수 있다면 얼마나 좋을까요?

어떤 마음을 꼭꼭 감춰 두고 너무 오래 못 본 척하거나 없는 척하면 점점 더 알기 힘들어지기도 해요. 내 마음을 나도 모르게 된다니 어쩐지 좀 무시무시하지 않나요?

그래서 평소에 마음을 잘 들여다보고 대화하는 시간이 필요해요. '이럴 때 나는 이렇게 생각하는구나.', '이런 말을 들으면 마음이 이렇게 변하네.', '지금 내 마음은 이런 게 필요하다고 말하고 있어,' 이렇게 말이지요.

자신의 마음을 잘 이해하는 사람은 다른 사람의 마음도 잘 알아줄 수 있어요.

‘저 사람도 이럴 때는 나와 같은 기분이겠구나.’ 하고 공감할 수 있으니까요. 그러니 나를 알아가는 ‘마음 공부’를 중요하게 여겨야겠지요? 어쩌면 마음 공부는 세상에서 가장 중요한 공부일 수도 있답니다. 마음 공부는 어려운 책을 읽거나 수업을 듣는 거창한 일로 시작하는 게 아니에요. 지금 이 순간 내 마음의 모양과 색깔을 살펴보는 것부터 시작하면 충분하답니다.

마음은 생각보다 솔직해요. 다만 우리가 바쁘거나 두려워서 그 목소리를 못 듣고 지나칠 뿐이지요. 때로는 “괜찮아.”라고 말하면서도 속으로는 ‘사실은 힘들어.’라고 외칠 때가 있고, “화 안 났어.”라고 하면서도 눈물이 날 만큼 성이 날 때도 있어요. 그럴 때는 마음에 이렇게 물어보세요. “지금 진짜 하고 싶은 말이 뭐야?”라고요. 그리고 잠시 귀 기울이면, 마음은 꼭 대답해 줄 거예요. 그 대답이 아주 작고 엉뚱하게 들릴 수도 있지만, 분명 ‘진짜 나’의 목소리예요.

마음을 돌보는 일은 점수를 매길 수 있는 일은 아니지만, 하찮고 쓸모없는 일은 절대 아니에요. 그 무엇보다 소중한 ‘나’를 위한 일이니까요. 오늘 하루, 잠깐이라도 내 마음에 인사해 볼까요?

“안녕, 오늘은 어떤 하루였어? 어떤 마음이 들었어?”

SONS AND DAUGHTERS

오늘 내 마음은

오늘의 마음을 그려 본다면 어떤 모양인가요? 그 이유는요?
(동그라미, 세모, 네모, 오각형, 별 모양 등 무엇이든 좋아요.)

함께 나눠요

마음을 잘 몰라서 헤매고 있는 ______ 에게 들려주고 싶은 말

MOM AND DAD

오늘의 마음 공부

오늘의 마음은 어땠나요?
왜 그런 마음이 들었나요?

함께 나눠요

마음 공부를 위해 ______ 와 함께하고 싶은 게 있어요.

년 월 일 요일

때로는 멈춰도 괜찮아요.

해야 할 일은 많은데, 아무것도 하기 싫은 날이 있지 않나요? 특별히 몸이 아픈 것도 아닌데 손가락 하나 까딱하기 싫고, 온종일 소파에 누워 뒹굴뒹굴하고만 싶은 날이요. 그런 날은 해야 할 일들을 떠올릴수록 점점 더 눕고 싶어지지만, 막상 누워 있어도 마음은 불편하기만 하지요.

어쩌면 그런 날은 몸이 아니라 마음이 조금 지친 날일지도 몰라요. 그동안 누구보다 열심히 달려왔기 때문이거나 중요한 일을 앞두고 긴장해서일 수도 있고요. 마음의 긴장을 풀기 위해 몸이 신호를 보내는 거예요. '이미 에너지를 많이 썼어. 조금 쉬고 싶어.'라고요.

그럴 때는 억지로 무언가를 하기보다는 몸과 마음이 원하는 대로 잠시 쉬는 것도 좋아요. 내 안에서 실랑이가 벌어졌는데 억지로 숙제나 예습을 한다고 잘 될 리 없거든요. 집중도 안 되고, 몸만 더 피곤해질지도 몰라요.

하지만 정해진 시간 안에 끝내야 하는 일이 있다면, 마냥 미루기만 할 수는 없겠지요. 그럴 때는 '잠깐씩'만 해 보는 것도 좋아요. 10분만 책상에 앉아 본다든지 딱 한 문제만 푼다든지요. 처음부터 완벽하게 해내려 하거나 한 번에 다 완성하려고 하면 부담스럽지만, 우선 시작만 하면 생각보다 쉽게 흐름이 이어지기도 하니까요.

잠깐 산책하거나 창문을 열고 바람을 쐬는 것도 좋아요. 몸을 움직이면 마음도 덩달아 깨어나거든요. 따뜻한 코코아를 한 잔 마시며 '지금은 좀 쉬는 중이야.'라고 자신을 다독이는 것도 큰 도움이 될 거예요.

가끔은 아무것도 하기 싫은 날의 나를 그대로 두어도 괜찮아요. 마음이 숨 고르기를 할 수 있게 가만히 쉬는 거예요. 조금 쉰다고 게으른 것은 아니랍니다. 누구에게나 휴식이 필요한 날이 있으니까요. 이렇게 잠시 멈춘 뒤에는 다시 나아갈 힘이 생길 거예요. 그러니 아무것도 하기 싫은 날이 찾아오면 자신을 탓하기보다 '지금은 충전이 필요한 순간이구나.' 하고 편안하게 받아들여 보세요.

SONS AND DAUGHTERS

몸과 마음이 지친 날

몸과 마음이 지칠 때 편하게 쉴 수 있는
나만의 방법이 있나요?

함께 나눠요

몸과 마음이 지친 ______ 에게 들려주고 싶은 말

MOM AND DAD

도 지칠 때가 있단다.

근래에 무기력이나 번아웃을 겪은 적이 있나요?
어떻게 극복하셨나요?

함 께 나 눠 요

몸과 마음이 지친 ________ 에게 들려주고 싶은 말

년 월 일 요일

가끔은 괜히 무서울 때가 있어요.

가끔은 집 안의 물건들이 평소와 달리 으스스하게 느껴질 때가 있어요. 혼자 있는 집에서 커튼이 괜히 팔랑거리고, 침대 밑에서 무언가 꿈틀거리는 소리가 들리는 것 같고, 장롱이 조금씩 옆으로 움직이는 것 같은 순간도 있지요. 그러면 '내가 이렇게 겁쟁이였나?' 하는 생각이 들기도 해요.

하지만 이런 생각이 드는 이유는 어린이들의 상상력이 아주 뛰어나기 때문이래요. 그림자를 보면서도 다양한 상상이 펼쳐지잖아요. 뿔 달린 도깨비나 머리를 풀어 헤친 귀신, 그림책에서 봤던 마녀가 떠오르기도 하고요.

무서운 게 많다는 것이 겁쟁이라는 뜻은 아니에요. 오히려 상상력이 무럭무럭 자라고 있다는 증거지요. 내가 약하거나 예민한 게 아니니 걱정하지 않아도 돼요.

혹시 '이 마음이 어른이 될 때까지 계속되면 어쩌지?' 하고 고민될 수도 있어요. 하지만 그것도 괜한 걱정이에요. 넓은 세상을 경험하고 많은 사람을 만나면서 몸과 마음이 자라면, 이유 없이 무서워지는 순간은 자연스럽게 줄어들 거예요.

물론 어른이 되어서도 귀신이나 괴물을 무서워할 수 있어요. 하지만 그래도 괜찮아요. 겁이 많은 것은 이상한 것도, 나쁜 것도 아니니까요.

때로는 어린 시절에 했던 무서운 상상이 좋은 영감의 씨앗이 되기도 해요. 작가나 화가, 영화감독들의 인터뷰를 보면, 어릴 때 들었던 무서운 이야기가 작품의 바탕이 되는 경우가 많았다고 해요. 그 이야기와 그때의 감정이 훗날 멋진 예술로 재탄생하는 것이지요.

만약 너무 무서워서 밤에 잠이 오지 않는다면, 불빛을 살짝 켜 두거나 좋아하는 인형을 옆에 두어도 좋아요. 따뜻한 물을 마시거나 엄마, 아빠에게 "오늘은 조금 무서워." 하고 솔직하게 말하는 것도 괜찮아요. 무서움은 혼자 꾹 참을 때보다 누군가와 나눌 때 빨리 사라지기도 하니까요.

그렇게 마음을 다독이다 보면, 무섭던 밤도 어느새 따뜻하고 조용한 밤으로 바뀌어 있을 거예요.

SONS AND DAUGHTERS

무서웠던 순간에 대해 말해요.

Q1. 최근에 가장 무서웠던 순간은 언제인가요?

Q2. 무엇이 무서웠나요?

Q3. 그 순간 어떤 생각이 들었나요?

Q4. 어떻게 극복했나요?

함께 나눠요

______ 이 무서운 ______ 에게 들려주고 싶은 말

MOM AND DAD

는 어릴 때 이런 게 무서웠단다.

Q1. 가장 무서웠던 순간은 언제인가요?

Q2. 무엇이 무서웠나요?

Q3. 그 순간 어떤 생각이 들었나요?

Q4. 어떻게 극복했나요?

함께 나눠요

제가 무언가를 무서워한다면 이렇게 달래 주세요.

년 월 일 요일

부탁을 거절하기가 어려워요.

친한 친구라도 들어주기 곤란한 부탁이 있어요. 친할수록 부탁을 거절할 때 마음이 불편할 수도 있고요. 하지만 그 불편함을 감수하고 거절했다면, 나에게는 분명히 거절할 이유가 있었을 거예요. 시간이 오래 걸리거나 노력을 많이 해야 하는 경우, 몸이 아프거나 다른 약속이 있는 경우에는 선뜻 "그래."라고 말하기 어렵잖아요. 그러니 부탁을 거절한다고 내가 이기적이고 나쁜 사람이 되는 것은 아니에요. 그리고 부탁을 무조건 들어준다고 '착한 사람', '좋은 사람'이 되는 것도 아니랍니다.

자신이 감당하기 힘든 부탁을 다 들어주면, 오히려 그 관계는 더 불편해질 수 있어요. 나는 점점 지치게 되고, 부탁을 들어주기로 한 자신을 탓하거나 상대를 원망하는 마음이 생길지도 몰라요. 친구의 부탁 때문에 내가 해야 할 일을 하지 못해서 부모님이나 선생님께 꾸지람을 들으면 마음이 더 힘들어질 거예요.

그러니 부탁을 받으면 대답하기 전에 잘 생각해 보세요. '내가 감당할 수 있는 부탁인가?', '내가 거절하면 친구가 많이 곤란해지는 부탁인가?' 만약 내가 감당하기 어려운 부탁, 내가 거절해도 다른 사람이 도와줄 수 있거나 친구가 스스로 해낼 수 있는 부탁이라면 현재의 내 상황을 설명하고 거절해도 괜찮아요.

중요한 것은 거절 자체가 아니라 거절할 때의 말과 태도예요. 미안함을 과하게 표현하거나 핑계를 길게 늘어놓을 필요는 없고요. 짧고 분명하게, 하지만 부드럽게 부탁을 들어주지 못하는 이유를 잘 설명하는 거예요. "오늘은 진짜 시간이 없어.", "이번에는 너를 도와주기 어려워.", "오늘은 어렵지만 내일은 괜찮을 것 같아." 이렇게요. 단지 귀찮다거나 나에게 도움이 되지 않는 것 같아서 거절하는 게 아니라 거절할 수밖에 없는 상황이 있다는 것을 설명하면 된답니다.

항상 '예스'라고 말하는 사람보다 필요할 때 '노'라고 말할 줄 아는 사람이 되어야 해요. 시간, 에너지, 일정 등 나의 울타리를 잘 지키는 사람이 다른 사람의 신뢰도 얻을 수 있어요. 내 삶을 책임지는 태도는 현명한 거절에 있다는 것도 기억하세요.

SONS AND DAUGHTERS

부탁을 거절했어요.

친구의 부탁을 거절한 적이 있나요?
거절한 이유는 무엇인가요? 그때 마음이 어땠나요?

함께 나눠요

부탁을 거절해서 마음이 불편한 ______ 에게 들려주고 싶은 말

MOM AND DAD

부탁을 '잘' 거절하는 방법

누군가의 부탁을 거절할 때
어떻게 말해 주면 좋을까요?

함께 나눠요

제 부탁을 거절할 때는 이렇게 말씀해 주세요.

년 월 일 요일

거짓말을 하고 죄책감이 들었어요.

살면서 한 번도 거짓말을 하지 않은 사람이 과연 있을까요? 만약 누군가가 "네, 저는 한 번도 하지 않았습니다."라고 말한다면, 그 말이 바로 거짓말이라고 생각해요. 특히 어릴 적에는 자신도 모르게 거짓말이 나올 때가 있어요. 주로 엄마에게 혼날 만한 상황에서 '아니요.'라며 순간을 모면하려는 거짓말을 하는 것처럼요. 누구나 비슷한 경험이 있을 거예요.

물론 거짓말은 나쁜 거예요. 필요에 따라 자주 해도 된다는 말도 아니고요. 필요하기 때문에 어쩔 수 없었다는 것도 핑계일 뿐입니다. 사소한 거짓말도 자주 하면 나중에는 습관이 되어 버려요. 어른들이 입버릇처럼 하는 말 중에 '처음이 어렵다.'라는 말을 들어 봤나요? 처음에는 양심의 가책을 느껴 괴롭고 힘든 일도 자주 하다 보면 별것 아닌 것처럼 느껴질 수 있다는 뜻이에요. 이건 아주 무서운 일이에요. 마음에 거리낌이 없이 나쁜 행동을 반복하게 되는 것이니까요. 그래서 거짓말은 처음부터 아예 하지 않는 것이 좋답니다.

그런데 문제는 무심코 거짓말을 했을 때, 어떻게 대처하느냐예요. 무의식 중에 한 거짓말 때문에 두고두고 마음이 괴롭거나 시간이 흘러도 죄책감을 느낄 수 있거든요.

중요한 것은 거짓말한 사실을 숨기려고만 하지 않는 것과 그 일로 자신을 미워하지 않는 거예요. 만약 자신이 한 거짓말 때문에 마음이 괴롭다면, 가장 먼저 거짓말을 한 이유를 살펴보는 것이 좋아요. 혼날까 봐 무서웠는지, 실망시키고 싶지 않았는지, 혹은 당황해서 순간적으로 불쑥 말이 나왔는지 말이에요. 이렇게 이유를 알아야 다시 같은 상황이 오더라도 지혜롭게 대처할 수 있어요.

용기를 내어 상대에게 솔직하게 말할 수 있다면 더 좋아요. 마음도 한결 가벼워질 테고요. "그러려던 게 아닌데 나도 모르게 그 말이 먼저 나와 버렸어요."하고 말이지요. 정직한 고백 앞에서 크게 화를 내거나 절대 용서하지 못한다고 말하는 사람은 없을 거예요. 물론 죄송하다는 말을 덧붙이는 것도 잊지 말아야겠지요.

살다 보면 누구나 실수로 거짓말을 할 때가 있어요. '나쁜 사람'만 거짓말을 하는 것이 아니랍니다. 우리의 마음은 아직 성장하는 중이니 거짓말을 한 나를 호되게 몰아붙이지 말아요. 이미 죄책감을 느끼는 나에게 다시 벌을 내릴 필요는 없으니까요. 중요한 것은 다음에는 용기를 내서 진실을 선택하겠다는 마음이에요. 솔직해지겠다고 결심하고, '정직'을 습관으로 만들어 보는 거예요.

SONS AND DAUGHTERS

나도 모르게 거짓말을 했어요.

누구에게 어떤 거짓말을 했었나요?
그 후에는 어떻게 대처했나요?

함께 나눠요

죄책감을 가지고 있는 ______ 에게 들려주고 싶은 말

MOM AND DAD

내가 한 하얀 거짓말

하얀 거짓말을 한 적이 있나요?
하얀 거짓말은 꼭 필요할까요?

함께 나눠요

하얀 거짓말에 대해 저는 이렇게 생각해요.

년 월 일 요일

우울한 기분 달래기

잘 지내다가도 갑자기 마음이 터널 속에 들어간 것처럼 어둡고 갑갑해지면서 우울한 기분이 찾아올 때가 있어요. 사실 우리에게 찾아오는 모든 감정에는 다 나름의 이유가 있지만 일일이 이해하기는 쉽지 않답니다.

우울할 때는 '나 또 왜 이래.' 하고 자책하는 대신 '이런 마음이 드는 이유가 있을 거야. 지금은 내 기분을 먼저 달래 보자.'라고 생각해 보세요. 친한 친구가 "나 오늘 조금 우울해."라고 말했을 때 "왜? 이유가 뭐야? 너는 왜 그렇다고 생각해?"라고 이유를 계속 묻지는 않잖아요. 그냥 가만히 옆에 있어 주거나 맛있는 아이스크림이라도 내밀면서 위로를 건네지요. 가장 친한 친구를 대하듯 자신도 다정하게 대해 보세요.

누군가를 제대로 위로하려면 그 사람을 이해하는 것이 중요하답니다. 매운 음식을 싫어하는 친구에게 기분을 풀라며 매콤한 마라탕을 사 준다면, 오히려 서로 불편하고 어색해질 수 있거든요. 마찬가지로 우울한 기분을 달래려면 내가 무엇을 좋아하는지, 어떤 상황에서 편안함을 느끼는지부터 알아야 해요. 그래야 나에게 맞는 위로를 건넬 수 있을 테니까요.

우울할 때 나를 미소 짓게 했던 것들을 평소에 미리 적어 보는 것도 좋아요. 강아지와의 산책, 엄마와의 포옹, 재미있는 영화 보기, 솜사탕 먹기, 코코아 마시기처럼 '나만의 기분 전환 리스트'를 구체적으로 정리해 두는 것이지요. 그러면 갑자기 찾아오는 우울한 감정 앞에서도 당황하지 않고 나를 따뜻하게 다독여 줄 수 있을 거예요.

나를 든든하게 지지해 주는 부모님, 늘 걱정하고 챙겨 주는 선생님, 재미있는 춤이나 개그로 웃겨 주는 친구처럼 나를 즐겁고 편하게 해 주는 누군가와 함께하는 것도 좋은 방법이에요. 좋아하는 장소를 떠올리는 것도 도움이 된답니다. 가족들과 함께 갔던 제주도 바닷가, 집 근처의 산책로, 동네에서 가장 맛있는 빵집이나 친구들과 자주 가던 놀이터. 어디든 좋아요. 그곳에 있는 행복한 나를 잠깐이나마 상상해 보세요.

소중한 사람이 우울해하면 어떻게든 마음을 달래 주려고 노력하는 것처럼 자신도 그렇게 대하면 돼요. 당장 떠오르는 게 없다면 마음에게 가만히 물어봐도 좋아요. '지금 가장 원하는 것은 뭐야?' 하고요. 나를 가장 잘 다독여 줄 수 있는 사람은 언제나 자신이랍니다. 그 사실을 알고, 믿고, 힘을 내 봐요. 우울의 그림자가 언제 그랬냐는 듯 걷히고 마음에 알록달록한 무지개가 뜰 거예요.

SONS AND DAUGHTERS

내가 좋아하는 장소

나를 기분 좋게 하는 장소를 3군데만 말해 볼까요?
그곳에 가면 왜 기분이 좋은지도 적어 보세요.

1.

2.

3.

함께 나눠요

다음에 ( ) 에 함께 가 볼까?

MOM AND DAD

내가 좋아하는 장소

나를 기분 좋게 하는 장소를 3군데만 말해 볼까요?
그곳에 가면 왜 기분이 좋은지도 적어 보세요.

1.

2.

3.

함께 나눠요

다음에 ______에 함께 가 보고 싶어요.

년 월 일 요일

덤벙대는 나에게 맞는 방법을 찾는 법

언제나 계획한 대로 해내는 사람이 있어요. 학급 내에서 어떤 역할을 맡아도 차분하게 준비하고, 어려운 과제도 끝까지 책임을 다하지요. 이런 사람은 친구에게도, 선생님이나 부모님께도 자연스럽게 신뢰를 얻어요. 맡은 일을 성실하게 해내기 때문에 주변 사람들에게 안정감을 주기도 하지요. '이 사람이라면 믿고 함께 할 수 있겠구나.' 하는 마음이 들거든요. 반대로 약속을 깜박 잊거나 물건을 자주 잃어버리는 사람도 있어요. 혹시 이 글을 읽으며 '나도 조금 덤벙대는 편인가?' 하는 생각이 들었나요?

꼼꼼한 것과 덤벙대는 것에는 큰 차이가 있는 것 같지만 꼭 그렇지도 않아요. 어떻게 보면 타고난 성향이 다른 것이라고 할 수 있답니다. '오늘 하려던 일'을 다 끝내기 전에는 제대로 쉬지 못하는 성향의 사람이 있어요. 반면 호기심이 많아 물건이든 사람이든 늘 새로운 것들이 눈에 들어오는 사람도 있지요. 한 가지 일에 오래 집중하기 어려운 사람도 있고요. 그래서 중요한 것을 가방에 넣어 두고도 깜빡하거나 다른 재미있는 일에 마음이 끌려 하려던 일을 미루게 되기도 하지요.

그렇다고 해서 그 사람이 부족하거나 게으른 것은 아니에요. 단지 마음이 움직이는 방식이 다른 것뿐이에요.

꼼꼼한 친구는 계획을 세우고 차근차근 실행하는 데에 강점이 있고, 덤벙대는 친구는 새로운 아이디어를 떠올리고, 상황에 빠르게 적응하는 능력이 뛰어난 경우가 많아요. 즉 서로 다른 성향과 각기 다른 강점, 재능을 가지고 있다는 말이지요.

중요한 것은 '나는 왜 이럴까?' 하고 자신을 몰아붙이는 것이 아니라 '나는 이런 성향의 사람이구나.' 하고 먼저 인정하는 거예요. 그다음에 나에게 맞는 습관을 붙여 가는 것이 훨씬 효과적이랍니다.

예를 들어 덤벙대는 사람은 중요한 물건을 넣어 두는 자리를 정해 두기만 해도 잃어버리는 횟수가 줄어요. 해야 할 일을 메모하는 습관만 생겨도 훨씬 편안해지고요. 제출 기한이 있는 과제가 있다면 잘 보이는 장소에 메모를 남겨 두세요. '수요일까지 제출해야 하는 미술 과제 잊지 말 것!' 이렇게요. 이 작은 습관 하나로 계획을 잘 지키는 믿음직한 내가 될 수 있어요.

성향은 틀린 게 아니라 다른 거예요. 내가 어떤 스타일인지 이해하고 나에게 맞는 방법을 찾으면 돼요. 조금씩 책임과 의무를 배우고, 나만의 방식으로 계획을 세워 가면 된답니다.

SONS AND DAUGHTERS

나만의 방법을 찾아요!

나는 어떤 사람인가요?
물건을 잃어버리지 않기 위해 어떤 노력을 하나요?
계획이나 약속을 잘 지키기 위한 자신만의 방법이 있나요?

함께 나눠요

꼼꼼하지 않은 자신에게 실망한 ( ) 에게 들려주고 싶은 말

MOM AND DAD

잘 기억하고, 잘 지키는 나만의 방법

나는 어떤 사람인가요?
물건을 잃어버리지 않기 위해 어떤 노력을 하나요?
계획이나 약속을 잘 지키기 위한 자신만의 방법이 있나요?

함께 나눠요

계획을 잘 지키는 습관을 위한 ______ 의 약속!

2장

사람 사이에서 배우는 마음

✦

'따로 또 같이'
함께 살아가는 방법에 대한 이야기

년　　월　　일　　요일

잘 화해하는 방법

인간관계에서 중요한 것은 관계가 나쁠 때도 서로를 존중하고, 다투더라도 잘 화해하는 방법을 터득하는 일이에요. 다른 사람들과 오랫동안 잘 지내는 것은 저절로 되는 일이 아니랍니다. 사람과의 관계를 유지하는 것도 배우고 익혀야 해요. 어렵지만 노력해야 하는 부분이지요.

친구와 다툴 때 순간의 감정에 휘둘려서 소리치고 화를 내며 절교하는 것은 과연 좋은 방법일까요? 소리를 지르면서 하고 싶은 말을 하고 나면 잠깐 동안 속은 시원할 수 있지만, 나중에 후회할 수도 있어요. 그렇다면 잘 화해하기 위해서는 어떻게 해야 할까요?

우선 차분하게 서로의 입장을 생각해 보는 것이 중요해요. 감정의 파도가 가라앉아야 보이는 진실들이 있거든요. 그리고 마음이 가라앉으면 다른 각도에서 상황을 이해할 여유도 생겨요. 감정이 날카로워진 상태에서 서로에게 던진 말을 곱씹으면 마음만 다치게 된답니다. 그러니 잘 화해하기 위해서는 마음을 가라앉히고 생각을 정리해 볼 시간이 반드시 필요하답니다. 시간이 조금 흘러가도 괜찮아요. 서두르지 말고 마음이 차분해졌을 때, 서로의 입장을 다시 생각해 보세요.

'그때 친구가 왜 그렇게 이야기했을까?'
'화가 나서 주고받은 말들이 모두 진심은 아닐 거야.'
'내가 다르게 행동했다면 싸우지 않을 수 있었을까?'

충분히 생각한 후에는 친구와 솔직한 대화를 나눠 보세요. 분명 지혜롭게 화해하고, 우정을 회복할 수 있을 거예요.

SONS AND DAUGHTERS

그날은 화가 났어.

친구나 가족과 다툰 적이 있나요?
어떤 일이 있었나요?

함께 나눠요

( )와 화해하고 싶은 ( )에게 들려주고 싶은 말

MOM AND DAD

화가 나는 순간은 누구에게나 있단다.

누군가와 불편한 일을 겪었을 때 나는 어떻게 대처하는 편인가요?
솔직하게 돌아보고 글로 정리해 보세요.

함 께 나 눠 요

(   )와 화해하고 싶은 (   )에게 들려주고 싶은 말

년 월 일 요일

마음을 솔직하게 표현해요.

가까운 사이라도 서로에 대해 모르는 부분이 있어요. 심지어 자신에 대해서도 잘 모르는 부분이 있지요. 우리는 끊임없이 성장하고 변화하는 존재이기 때문이에요. 일 년 전에 좋아하던 것들을 떠올려 보세요. 여전히 좋아하는 것도 있겠지만, 이제는 흥미를 잃은 것들도 있을 거예요. 사람의 마음은 주변의 영향을 받아 조금씩 달라지기도 하니까요. 작년의 '나'와 올해의 '나'는 분명히 다른 부분이 있을 테고, 예전에 했던 생각이나 느꼈던 감정이 지금과 다를 수도 있어요. 그래서 가까운 관계일수록 서로의 마음을 솔직하게 표현하는 일이 중요해요. 마음이 달라진다고 해서 이상한 것은 아니랍니다.

가끔 마음을 솔직하게 표현하는 것이 무례하고 이기적인 태도처럼 보일 때도 있어요. 하지만 상대가 싫다는데 내가 좋아하는 것만 고집하는 것이 아니라면 내 마음과 생각을 솔직하게 표현하는 게 나쁜 것은 아니에요. 오히려 꼭 필요한 일이랍니다. 솔직함은 이기적인 태도가 아니라 관계를 더 '단단하게 지키려는 용기'예요.

마음을 숨겨서 친구와 오해가 쌓이거나 엄마, 아빠가 내 마음도 몰라주는 것 같아 섭섭했던 적이 있었나요? 서로가 느끼는 부분은 대화를 통해 나누지 않으면 알 수 없거든요. 말하지 않아도 알아주길 바라는 마음이 오히려 벽을 만들 수 있어요. 그리고 그 벽은 시간이 지날수록 점점 두꺼워지고, 결국 나도 상대방도 외로워지게 된답니다. 그러니 서로에게 한 발 더 다가가기 위해서 솔직하게 내 마음을 표현해야 해요.

"그 일은 미안했어."
"그날은 정말 고마웠어."
"그 말은 조금 서운했어."
"사실은 나 이럴 때 속상했어."

이런 말 한마디가 관계를 다시 이어주는 좋은 계기가 되기도 하니까요. 솔직하다는 것은 나를 있는 그대로 보여 주는 일이고, 동시에 상대를 믿는다는 표현이에요. 이 믿음이 쌓일 때 진짜 친밀함도 만들어진답니다.

조금은 서툴고 어색해도 괜찮아요. 마음을 전하려는 시도 자체가 '관계를 돌보는 일'이니까요. 진짜 가까운 사이는 모든 것을 완벽히 아는 사이가 아니라 서로의 변화를 인정하고 계속 알아가는 사이예요. 결국 솔직함은 사랑의 또 다른 이름이랍니다.

SONS AND DAUGHTERS

요즘 전 이런 마음이에요.

자신의 마음을 잘 알아야 다른 사람에게 제대로 전달할 수 있어요.
내 마음이 하는 소리를 잘 들어보세요.
어떤 마음인지 글로 정리해 볼까요?

함께 나눠요

______ 마음이 드는 ______ 에게 들려주고 싶은 말

MOM AND DAD

요즘 난 이런 마음이란다.

자신의 마음을 잘 알아야 다른 사람에게 제대로 전달할 수 있어요.
내 마음이 하는 소리를 잘 들어보세요.
어떤 마음인지 글로 정리해 볼까요?

함께 나눠요

(　　　) 마음이 드는 (　　　)에게 들려주고 싶은 말

년 월 일 요일

부러우면
정말 지는 걸까요?

'부러우면 지는 거다.'라는 말을 들어 봤나요? 그런데 부러우면 정말 지는 걸까요? 누구에게나 부러운 마음은 찾아올 수 있는데 말이에요.

부러운 마음은 이기고 지는 문제가 아니라 그 마음이 어디에서 시작되었는지 이해해야 하는 문제예요. 사실 부러움은 대부분 비교에서 시작되거든요. 나도 모르는 사이에 나의 단점과 다른 사람의 장점을 비교하고 있지는 않은지 생각해 보세요. 이런 비교는 마음만 작아지게 하는 불공평한 비교랍니다.

살다 보면 우리 모두 다른 사람이 너무 부러워서 마음이 아프거나 속상할 때가 있어요. 어떤 친구는 공부를 잘하고, 어떤 친구는 그림을 멋지게 그리고, 또 어떤 친구는 운동을 아주 잘하는 것처럼 보여서 부러운 마음이 들면 우리는 '나는 왜 저렇게 못 할까?' 하는 마음에 시무룩해지기도 해요. 그런데 이런 마음은 누구나 가질 수 있는 아주 자연스러운 마음이랍니다.

부러운 마음이 꼭 나쁜 것만은 아니에요. 오히려 내가 무엇을 배우고 싶은지, 어떤 것을 잘하고 싶은지 알려 주는 신호가 될 수도 있거든요. 만약 친구가 그림을 멋지게 그려서 부럽다면, '나도 그림을 열심히 그려 볼까?' 하고 생각할 수도 있잖아요? 또 어떤 친구가 잘 웃고 다른 친구를 배려하는 성격을 지녔다면, 그 친구의 성격을 닮고 싶어질 수도 있고요. 그러니 부러운 마음이 든다면, 그 마음을 도전을 시작할 힘으로 바꿔 보는 것은 어떨까요?

모든 사람은 각자 다른 모습으로 빛나고 있어요. 나에게도 다른 사람에게 없는 재능이나 남다른 점이 분명히 있을 거예요. 아직 발견하지 못했다고 해도 상관없어요. 어느 날 선물처럼 나만의 장점이나 매력을 발견할 날이 올 테니까요.

그러니 다른 친구의 멋진 점을 보면 '와, 대단하다!' 하고 칭찬하고, 동시에 내가 잘하는 것이 무엇인지도 찾아보면서 내 안의 빛을 밝히는 데 집중해 보세요. 모든 사람에게는 자신만의 장점과 단점, 강점과 약점이 있어요. 내가 이미 가지고 있는 부분을 점검하고 만족하는 자세도 필요하답니다. 그러면 부러움 때문에 속상했던 마음이 자신을 더 사랑하는 마음으로 바뀔 수 있을 거예요.

SONS AND DAUGHTERS

나만의 장점 찾아보기

다른 사람이 부러웠던 적이 있나요?
자신의 장점과 매력은 무엇이라고 생각하나요?

함께 나눠요

______ 는 이런 점이 정말 멋져!

MOM AND DAD

내가 생각하는 나만의 장점

함께 나눠요

______ 는 이런 점이 정말 멋져요!

년 월 일 요일

내가 가장 듣고 싶은 말

우리는 매일 다양한 음식을 먹으며 쑥쑥 자라고 있어요. 하지만 몸을 튼튼하게 만들기 위해서는 한 가지 음식만으로는 충분하지 않답니다. 우유는 몸에 좋은 음식이지만, 매일 우유만 마신다고 건강해지는 것은 아니거든요. 채소와 과일, 고기와 밥 같은 음식을 통해 단백질, 탄수화물, 비타민 등의 필수 영양소를 고르게 섭취해야 건강하게 자라고 활기찬 하루를 보낼 수 있지요.

몸이 크는 데 다양한 음식이 필요하듯이 마음이 자라는 데도 응원과 위로, 칭찬과 인정, 행복과 재미 같은 '마음 성장 영양소'가 필요하답니다. 이런 것들을 잘 '먹으면' 키가 크듯 마음도 단단하게 자랄 거예요.

누군가가 매 순간 우리에게 필요한 '마음 성장 영양소'를 챙겨 주면 좋겠지만, 부모님도 선생님도 때로는 너무 바빠서 놓칠 수도 있어요. 어쩌면 어떤 말을 해야 하는 것인지 모르는 순간도 있을 테고요. 그럴 때는 가족이나 친구 등 가까운 사람에게 듣고 싶은 말을 직접 요청해 보세요.

"나는 요즘 따뜻한 응원이 필요해요." 하고요. "강아지가 아픈 것은 내 탓이 아니라고 말해 줘요." 이렇게 구체적으로 말해도 괜찮아요. "학원 다니느라 요즘 힘들었지? 멋지게 잘하고 있어." 이런 격려가 필요하다고도 말해 보고요. 그냥 말없이 안아 달라고 해도 괜찮아요.

소중한 사람에게 듣고 싶은 말을 들으면 우리는 더 큰 힘을 낼 수 있거든요. 다정한 칭찬과 격려를 받으면 마음도 크게 자랄 거예요. 만약 부끄러워서 이런 말을 못 하겠다면 듣고 싶은 말을 나에게 직접 하는 것도 좋은 방법이에요.

'친구랑 싸웠지만 먼저 용기 내서 화해했어. 역시 난 멋져.'
'난 공부는 좀 못해도 체육도 잘하고 피아노도 잘 치지. 나는 장점이 많아.'
'선생님께 혼나서 눈물이 나고 마음이 아팠지만 참았어. 하지만 많이 슬펐어.'

언제나 내가 나의 가장 큰 팬이자 응원단장이라는 사실을 잊지 마세요.

SONS AND DAUGHTERS

에게 듣고 싶은 말이 있어요.

함께 나눠요

에게 들려주고 싶은 말

MOM AND DAD

______에게 듣고 싶은 말이 있단다.

함께 나눠요

______에게 들려주고 싶은 말

년　월　일　요일

싫어하는 사람이 생겼어요.

우리는 살아가면서 수많은 사람을 만나게 돼요. 학교에서 매일 마주하는 친구들부터 학원이나 모임에서 친해진 사람들까지 그 수를 다 헤아릴 수 없을 만큼요. 시간이 흐를수록 함께하는 인연의 수도 점점 늘어나겠지요.

이렇게 많은 사람을 만나면서 모두와 좋은 관계를 유지하는 것이 가능할까요? 모두가 나와 잘 맞는다면 오히려 그게 더 이상한 일일지도 몰라요. 사람마다 생김새가 다르듯 생각이나 성격, 좋아하는 것도 제각각이니까요. 그래서 나와 잘 맞는 사람도 있지만, 아무리 노력해도 마음이 맞지 않는 사람도 있기 마련이에요.

때로는 맞지 않는다는 생각이 조금씩 쌓여 '싫어하는 마음'이 들 수도 있어요. 하지만 이런 마음도 사람과 사람 사이에 생길 수 있는 자연스러운 감정이랍니다. 그리고 누군가가 싫어진다는 것은 그만큼 그 관계가 내게 의미 있었다는 신호일 때가 많아요. 나와 상관없는 사람은 보통 나에게 아무 감정도 일으키지 않으니까요.

누군가를 싫어하는 마음이 즐거울 리 없어요. 괜히 내가 나쁜 사람이 된 것처럼 느껴질 수도 있고요. 하지만 내가 특별히 심술궂은 사람이라서 그런 마음이 드는 것은 아니에요. 단지 그 사람이 나와 맞지 않았던 거예요. 어쩌면 싫어하는 마음이 쌓일 만큼 너무 오래 마음이 상해서일 수도 있고요.

사람과의 관계는 때로 아주 복잡하고 어려워요. 하지만 한 번 싫어졌다는 이유로 끝까지 피하기만 한다면, 그 사람과 다시 좋아질 기회는 영영 사라질지도 몰라요. 마음이 조금 차분해졌을 때 그 사람을 다시 떠올려 보세요. 하지만 그때도 여전히 화가 나고 용서가 어렵다면, 그대로도 괜찮아요. 마음을 억지로 이어 붙일 수는 없으니까요. 우리는 이런 경험을 통해서도 자랄 수 있답니다. 어떤 사람과 잘 맞는지, 어떤 말에 마음이 상하는지를 알 수 있으니까요.

세상에는 참으로 다양한 사람들이 있어요. 아무리 노력해도 맞지 않는 사람도 있고, 마음이 꼭 맞는 사람도 있지요. 우리는 그런 무수한 사람 중에서 영혼의 단짝을 만나 다정함을 주고받으며 성장할 수도 있어요.

SONS AND DAUGHTERS

잠시 싫어했던 ______ 에게

누구가를 싫어했던 경험이 있나요?
싫어했던 사람에게 편지를 써 보세요.

함 께 나 눠 요

싫어하는 마음을 가졌던 ______ 에게 들려주고 싶은 말

MOM AND DAD

______ 도 누군가가 싫었던 순간이 있단다.

누군가를 싫어했던 경험이 있나요?
싫어했던 사람에게 편지를 써 보세요.

함께 나눠요

싫어하는 마음을 가졌던 ______ 에게 들려주고 싶은 말

년 월 일 요일

친한 친구가 상처를 줄 때가 있어요.

가끔은 친한 친구일수록 나를 막 대하는 것처럼 느껴질 때가 있어요. 서먹한 사이는 누가 먼저라 할 것 없이 서로 조심하고 적당한 거리를 지키지만, 가까운 친구는 그렇지 않을 때가 있거든요. "이거 좀 쓴다."라며 허락도 없이 물건을 가져가거나 "넌 춤에는 영 소질이 없는 것 같아."처럼 마음에 상처가 되는 말을 서슴없이 할 때도 있어요.

하지만 친하다고 해서 아무 말이나 해도 되는 것은 아니에요. 친한 친구는 서로가 싫어하는 말과 행동도 충분히 알고 있는 사이잖아요. 그러니 친할수록 더 조심하고 서로를 존중해야 해요. 싫어하는 것을 알면서도 무례한 행동을 계속한다면, 사이가 멀어질 수 있으니까요.

친하다는 이유로 모든 언행을 이해해 줘야 한다고 생각하는 것은 이기적인 태도예요. 상대에 대한 배려 없이 자신의 상황과 감정만 중요하게 여긴다는 뜻이니까요. 상대를 배려하지 않으면 누구라도 기분 나쁠 수 있지요.

만약 친한 친구가 나를 무시하는 듯한 말이나 행동을 계속한다면, 속상한 마음을 솔직하게 표현해 보세요. 참고만 있으면 마음속에 감정이 계속 쌓여 나중에는 작은 일에도 크게 화가 날 수 있으니까요.

"나는 이런 말이 싫어."
"그런 행동은 나한테 상처가 돼."

이렇게 말하는 것이 문제를 풀어 가는 첫걸음이에요. 속상한 마음을 표현하는 것은 나를 지키는 용기 있는 행동이자, 친구가 나를 더 존중하도록 돕는 방법이기도 해요.

혹시 오해가 있었다면 대화를 통해 풀면 되고, 친구가 실수를 인정하고 사과한다면 다시 사이좋게 지낼 수 있어요. 자신의 생각과 감정을 표현하는 것을 두려워하지 마세요. 마음을 잘 표현한다면, 친구도 내 마음을 이해하고 더 배려하게 될 거예요.

SONS AND DAUGHTERS

상처받은 마음을 표현해요.

유난히 참기 힘든 친구의 말이나 행동이 있나요?
내 감정과 마음을 표현해 보세요.

함 께 나 눠 요

친구에게 상처받은 (　　　　) 에게 들려주고 싶은 말

MOM AND DAD

도 상처를 받는단다.

가족이나 주변 사람에게 상처받은 적이 있나요?
아픈 마음은 어떻게 극복하셨나요?

함께 나눠요

상처받은 에게 들려주고 싶은 말

년　　월　　일　　요일

소중한 것을 떠나보내게 되었을 때

가끔은 이런 생각을 해요. 어른이 된다는 것은 소중한 것들과 잘 헤어지는 방법을 배워 가는 과정이라고요. 삶에서 상실과 이별은 피할 수 없는 일이니까요. 그렇다고 이별이 두려워서 소중한 관계를 만들지 않을 수는 없어요. 중요한 것은 소중한 것을 떠나보내게 되었을 때 마음을 어떻게 다스릴 것인지를 배우는 거예요. 소중한 것에는 친구나 가족, 반려동물, 아끼는 물건까지 모두 포함된답니다.

사람마다 정도는 다르지만, 소중한 것을 잃으면 여러 감정이 한꺼번에 찾아올 수 있어요. "왜 하필 지금 떠난 거야?" 하고 화가 나기도 하고, "조금만 더 함께 하고 싶었는데." 하고 슬퍼지기도 하지요. "이럴 줄 알았으면 더 잘해 줄 걸." 하며 자책하거나, 허전하고 외로운 마음에 우울해지기도 해요. 이럴 때는 감정을 억지로 누르기보다 있는 그대로 잘 보듬어 주세요. 아파도 괜찮다고, 화가 나고 허탈해도 괜찮다고 스스로에게 말해 주는 거예요. 소중하지 않았다면 이런 마음도 들지 않을 테니까요. 다양한 감정이 찾아온다는 것은 그 존재가 내게 그만큼 소중했다는 증거랍니다.

그리고 이런 감정이 빨리 사라지기만 바라기보다 마음을 어떻게 추스를 것인지에 조금 더 집중해 보세요. 소중한 존재와 헤어지면 아픈 것이 당연해요. 남들보다 오래, 많이 아파하는 내가 나약하고 예민한 사람처럼 느껴지나요? 전혀 그렇지 않아요. 슬픔과 아픔은 진심으로 마음을 나눴다는 증거예요. 우리가 그만큼 따뜻하고 사랑이 많은 사람이라는 뜻이랍니다.

그러니 '일주일이나 지났는데 왜 아직도 속상하지?'가 아니라 '아, 나는 일주일이 지나도 ○○이 그립구나.' 하고 마음을 그대로 인정해 주세요. 상한 마음을 억지로 떨치려고 하면 조급해져서 오히려 더 힘들어질 수 있거든요.

시간이 흐르면 언젠가는 알게 될 거예요. 그 이별이 상처로만 남은 것이 아니라 성장의 계기였다는 것을요. 마음을 추스르는 과정을 통해 우리는 몸도 마음도 조금 더 성숙해지고 한 뼘 더 자라게 될 테니까요.

SONS AND DAUGHTERS

소중한 대상과 헤어졌어요.

소중한 대상을 떠나보낸 경험이 있나요?
어떤 마음이 들었나요?

함 께 나 눠 요

소중한 대상을 떠나보낸 ________ 에게 들려주고 싶은 말

MOM AND DAD

누구에게나 이별은 쉽지 않아요.

소중한 대상을 떠나보낸 경험이 있나요?
비슷한 경험을 하게 된다면 다르게 대처할 수 있을까요?

함께 나눠요

소중한 대상을 떠나보낸 ______ 에게 들려주고 싶은 말

년 월 일 요일

잔소리가 부담스러울 때가 있어요.

부모님은 우리에게 늘 감사한 존재지요. 낳아 주시고 길러 주시고, 한결같은 사랑과 희생으로 우리를 보살펴 주시니까요. 여기까지는 교과서에도 늘 등장하는 너무 익숙하고 뻔한 표현이지요? 하지만 가끔은 '가족이니까', '가족이라서' 너무 깊이 간섭한다고 느껴질 때가 있을 거예요. 가까운 사이일수록 원래 그런 마음이 더 자주 생기거든요. 그래서 부담이 되거나 더 민감하게 반응하게 되지요.

가족은 친구보다 가까운 사이지만, 때로는 서로가 다르다는 것을 잊어버릴 때가 있어요. 사람은 모두 다르다는 것을 잊을 만큼 오랜 시간 깊숙하게 얽혀 있기 때문이에요. 친구와 겪었던 갈등을 떠올려 보면 이해될 거예요.

'나는 이렇게 생각하는데, 너는 왜 아니지?'

각자의 의견이 있는 것이 당연한데도 항상 나와 의견이 일치해야 한다고 생각하는 것. 그것이 갈등의 씨앗이 되는 경우가 많아요. 가족 간에는 이런 일이 더 빈번하답니다. "내가 그렇게 키우지 않았는데, 너는 왜 그러니?", "우리는 가족인데,

왜 너만 그렇게 행동하니?" 가족이라도 가치관과 사고방식, 성격은 다를 수 있어요. 이것을 이해하는 것이 가족이 평화롭게 지내는 첫 단계랍니다.

잔소리를 좋아하는 사람은 없을 거예요. 내 인생에 참견하는 것처럼 느껴지고, 나를 힘들게 하려고 작정하고 하는 말 같기도 할 거예요. 하지만 내용이나 전달 방식과는 별개로 잔소리는 대체로 나를 염려하고 사랑하는 마음에 바탕을 두고 있어요. 물론 부모님의 말이 다 정답은 아니겠지요. 그래도 대부분 '너는 나보다 덜 힘들기를 바라. 덜 고생하고, 더 좋은 방법을 택하며 살았으면 좋겠어.'라는 마음에서 비롯된 말이 바로 잔소리랍니다.

만약 부모님의 잔소리가 너무 힘들게 느껴진다면 솔직하게 마음을 전해 보세요. 걱정하는 마음은 알지만, 잔소리하는 방식이 나를 힘들게 한다고요. 큰 소리로 고함치지 않아도, 30분 이상 같은 말을 반복하지 않아도 충분히 이해한다고 말이에요. 나를 단정하는 말, 억압하거나 몰아세우는 표현은 거북하다고요.

가족은 누구보다 친밀한 사이지만, 그렇다고 서로의 모든 것을 아는 것은 아니에요. 가까워서 더 말하기 부끄러운 부분도 있고요. 하지만 섭섭하고 억울한 마음을 쌓아 두기보다는 적극적으로 대화를 해야 해요. 그래야 가족 모두 더 편안하고 행복한 시간을 보낼 수 있답니다.

SONS AND DAUGHTERS

★

이런 말을 반복해서 들으면 조금 힘들어요.

자주 듣는 잔소리 중에 마음을 가장 힘들게 하는 말은 무엇인가요?
그 이유는 무엇인가요?

함께 나눠요

잔소리를 힘겨워 하는 ____________ 에게 들려주고 싶은 말

MOM AND DAD

도 잔소리를 듣던 때가 있었단다.

어린 시절에 자주 들었던
'단골 잔소리'가 있었나요?

함께 나눠요

잔소리를 반복하는 ____에게 하고 싶은 말

년 월 일 요일

친구는 꼭 많아야 하나요?

사람들은 대부분 친구는 많을수록 좋다고 생각하는 듯해요. 친구가 많은 사람은 성격이 좋고 마음이 따뜻한 사람이라고 여기는 경향도 있고요. 그런데 대체 친구가 많다는 것은 몇 명을 말하는 걸까요? 여기에 정확한 대답을 하기는 어려워요. 그 기준은 사람마다 다를 테니까요. 5명의 친구도 많다고 여기는 사람이 있는 반면에 30명은 있어야 많다고 생각하는 사람도 있을 거예요. 일단 '나만의 기준'부터 생각해 보세요. 나에게 '많은 친구'는 과연 몇 명인가요? 그리고 친구가 많으면 어떤 점이 좋을까요?

물론 친구가 많으면 심심할 틈 없이 일상이 꽉 찬 느낌도 들 수 있어요. 운동을 같이 하고 맛집을 찾아다니거나 등하교를 함께할 친구들이 늘 북적북적한 것은 신나는 일이지요. 다른 사람들의 부러움을 살 수도 있을 테고요. 하지만 친구가 많다고 무조건 행복하다고 할 수는 없어요. 행복해지기 위해서 친구의 수보다 중요한 것은 마음이 통하는 친구를 사귀는 거예요.

질문을 조금 바꿔 볼게요. 현재 나와 친하게 지내는 친구는 누구인가요? 그 친구와 어떤 것들을 나눌 수 있나요? 그 친구를 왜 절친이라고 생각하나요?

친구가 단 2~3명뿐이라도 마음을 나눌 수 있는 관계라면 정말 행복할 거예요. 하지만 휴대폰 속에 100명의 전화번호가 있더라도 편안하게 진심을 털어 놓을 친구가 없다면 외롭겠지요. 결국 중요한 것은 친구의 수가 아니랍니다. 마음을 나누는 친구, 서로를 진심으로 좋아하고 아끼는 친구가 있는가를 생각해 보세요.

아직 그런 친구가 하나도 없더라도 낙심할 필요는 없어요. 우리는 앞으로 수많은 사람을 만나고, 다양한 상황에서 다채로운 경험을 하게 될 거예요. 누군가는 짧게 만났다가 헤어질 것이고, 누군가와는 조금 안 맞는다고 여겼지만, 오랫동안 단짝이 될 수도 있어요.

자연스럽게 서로를 알아 가며 마음을 나누다 보면 어느 날 서로에게 꼭 필요한 사람이라는 믿음이 생길 거예요. 좋은 친구는 억지로 애쓴다고 해서 만들어지지는 않거든요. 그러니 서두르지 말고 주변 사람들을 진심으로 대해 보세요. 진심 어린 태도로 남을 대할 때 서로를 존중하고 배려하는 관계를 만들 수 있을 거예요.

SONS AND DAUGHTERS

가장 친한 친구를 소개해요.

마음이 가장 잘 맞는 친구는 누구인가요?
어떻게 친구가 되었나요? 어떤 점이 잘 통하나요?

함께 나눠요

친구가 소중한 (   )에게 들려주고 싶은 말

MOM AND DAD

친구는 중요한 삶의 동반자란다.

근래에 가장 자주 연락하는 친구는 누구인가요?
초등학교 시절의 친구와 지금도 사이좋게 지내나요?

함께 나눠요

______, 친구 관계에 대해 궁금한 게 있어요.

년 월 일 요일

멀리 가려면
함께 가야 하는 이유

'빨리 가려면 혼자 가고, 멀리 가려면 같이 가라.'라는 말을 들어 본 적 있나요? 이 말은 아프리카의 속담이랍니다. 단거리는 혼자 움직이는 게 편하고 빠르지요. 옆이나 뒤를 돌아볼 것 없이 전속력으로 달리기만 하면 되니까요. 하지만 가야 할 거리가 100km이거나 1년이나 3년은 꼬박 가야 하는 머나먼 길이라면 어떨까요? 누군가와 손을 잡고 의지하며 걷는 것이 더 현명한 선택일 거예요. 장애물을 만날지도 모르고, 갑자기 아프거나 다치는 일이 발생할 수도 있으니까요.

우리의 인생도 이와 비슷합니다. 혼자서 걷기에는 '짧은 거리'가 아니니까요. 살다 보면 많은 일을 경험하게 되고, 다양한 의견을 들어야 할 때도 많거든요. 때로는 누군가의 온기가 간절해지는 순간도 있을 거예요. 울퉁불퉁 힘든 일을 겪고 마음이 아플 때, 중요한 결정을 앞두고 흔들릴 때 옆에서 건네는 "괜찮아, 같이 가자."라는 말이 큰 힘이 되기도 하지요. "힘이 들면 옆을 봐. 내가 늘 함께 있어."라는 말은 넘어진 사람을 일으켜 세우는 기적을 만드는 말이고요.

사람은 혼자일 때보다 누군가와 함께 있을 때 놀라울 만큼 강해지기도 해요. 내가 힘들 때는 주변에 도움의 손길을 요청하고, 누군가 지쳐 있을 때는 말없이 손을 내밀기도 하면서요. 어떤 날은 내가 이끌어 주고, 또 어떤 날은 상대가 나를 이끌어 주며 균형을 만들어 가게 될 거예요.

때로는 같은 목표를 향해 함께 걷는 것만으로도 포기하지 않을 이유가 되기도 해요. 혼자 앞서 달려서 결승선에 도착한다면, 기쁨은 잠시일 뿐 금세 지치고 외로워질지도 몰라요. 하지만 동반자와 함께 도착한다면, 마음이 훨씬 든든하고 기쁠 거예요. 아름다운 세상은 이처럼 함께 만들어 가는 것이랍니다.

"나만 잘돼야 해. 내가 1등을 하는 게 가장 중요해!"라는 마음을 내려 두고, 서로의 꿈과 목표를 진심으로 응원하며 함께 나아가는 친구를 만들어 보세요. 그러면 더 큰 기쁨과 행복이 있는 '성공'을 누리게 될 거예요.

SONS AND DAUGHTERS

서로를 믿고 묵묵히 응원하는 친구가 있나요?
그 친구를 응원하는 메시지를 적어 보세요.

함께 나눠요

______ 에게 보내는 응원의 한마디!

MOM AND DAD

응원을 받으면 힘이 날 때가 많지!

최근에 친구나 가족에게 응원 받은 적이 있나요?
다른 사람을 응원한 적은요?

함께 나눠요

( ) 에게 보내는 응원의 한마디!

TIMES
NEWS

3장

일상에서 행복을 찾는 방법

✦

소소한 것에서
나만의 행복을 채우는 이야기

년 월 일 요일

내 마음이 향하는 곳

사람은 누구나 꿈과 소망을 품고 살아간답니다. 그래서 '꿈'이나 '목표', '미래' 같은 단어는 언제나 마음을 설레게 하지요. '선생님'이나 '엄마', '회사원'이나 '택시 기사' 등 모든 사람에게는 자신만의 소중하고 빛나는 꿈이 있어요.

"저는 아직 꿈이 없는데요?"라고 말하는 사람이 있을지도 모르겠어요. 지금 꿈이 없어도 괜찮아요. 꿈은 급하게 결정하기보다 천천히 내 마음과 대화하며 정하는 게 좋거든요. 그리고 알다시피 학년이 올라가면서 생각도 마음도 꿈도 바뀌게 마련이잖아요. 어제는 화가가 되고 싶었는데, 오늘은 아이돌이 되고 싶거나 작년에는 태권도에 푹 빠져 있었는데, 올해는 쿠키 만들기가 더 신나는 것처럼요. 되고 싶은 것과 좋아하는 것이 달라지는 것은 키가 자라듯이 마음도 자라고 있다는 증거예요. 새로운 것을 알게 되고, 좋아하는 것이 많아지고 있다는 뜻이니까요.

남들이 멋지다고 말하는 꿈만 좇을 필요는 없어요. 부모님이나 친구들은 대단하다고 말하더라도 내가 관심이 없다면 그것은 자신의 꿈이 아니니까요. '남들의 시선'을 의식해서 겉으로 화려하고 멋져 보이는 꿈을 선택한다면, 나중에 후회하게 될 수도 있어요. 다른 누구도 아닌 내가 좋아하고 관심 있는 일들로부터 꿈 찾기를 시작해 보세요. 시간 가는 줄 모르고 빠져들거나 재미있어서 더 잘하고 싶은 일들 말이에요.

지금 우리는 각자의 색과 밑그림을 찾아가는 중이에요. 어떤 색깔의 물감으로 어떤 그림을 그리게 될까요? 자유롭고 즐겁게 상상만 해 봐도 충분해요. 하얀 종이에 '나만의' 것을 하나씩 채워 넣어 보세요. 좋아하는 것을 찾아보고, 싫어하는 것을 알아가는 모든 과정이 다 '나만의' 꿈으로 가는 길이에요.

그러니까 조급해 하지 말고 좋아하는 것을 하나씩 찾아보세요. 이 과정을 즐기면서 오늘을 살아가는 것이 바로 멋진 꿈의 시작이니까요.

SONS AND DAUGHTERS

저는 요즘 이런 게 좋아요.

요즘 마음이 가는 것을 5가지만 적어 볼까요?
사람, 물건, 장소, 특정 행동, 음식 무엇이든 좋아요.

1.

2.

3.

4.

5.

함께 나눠요

______가 좋아하는 것을 함께해 볼까?

함께하고 싶은 것

▶

MOM AND DAD

나는 요즘 이런 게 좋아.

요즘 마음이 가는 것을 5가지만 적어 볼까요?
사람, 물건, 장소, 특정 행동, 음식 무엇이든 좋아요.

1.

2.

3.

4.

5.

함 께 나 눠 요

____가 좋아하는 것을 함께해요!

함께하고 싶은 것

▶

년 월 일 요일

말의 중요성

하루에도 몇 번씩 '짜증 나.'라는 말을 하는 친구가 있다면 어떨까요? 그런 친구와 함께 있으면 어딘가 모르게 불편하고 불안한 마음이 들 거예요. 어떤 일을 함께하든 '나한테도 짜증을 내면 어쩌지?'라는 생각이 들 테니까요.

사람은 자기가 하는 말을 닮아 간다는 이야기가 있어요. 반복하는 말이 길을 낸다는 이야기도 있고요. 두 가지 모두 '말의 중요성'을 강조한 것이지요. 자주 하는 말이 감정과 생각을 만들고, 결국 인생을 만들게 되거든요. 아직은 어렵고 이해하기 힘들 수도 있어요. 기억해야 할 것은 언어 습관이나 말버릇을 체크하고, 나에게 해가 되는 말을 알아차리는 거예요. 거기에서부터 시작하면 돼요.

우리 속담에도 '말'과 관련된 것이 꽤 많아요. '말 한마디에 천 냥 빚도 갚는다.'라는 속담을 들어봤나요? 말을 잘하면 그만큼 큰 은혜나 이득을 얻을 수도 있다는 뜻이에요. '가는 말이 고와야 오는 말이 곱다.'도 아주 유명하지요. 내가 하는 말이 부드러우면 상대방도 예쁜 말로 되돌려 준다는 뜻이랍니다. 인간관계의 기본예절이라고 할 수 있어요. 이렇게 말과 관련된 표현이 많다는 것은 예부터 말의 중요성을 그만큼 강조해 왔다는 뜻이에요.

다른 사람에게 하는 말도 중요하지만, 내가 평소 나에게 하는 말도 아주 중요해요. 매일 꾸준히 내게 들려주는 언어가 되기 때문이에요. '너는 잘 해낼 거야.'라는 말을 매일 들려주는 사람과 '너 같은 게 무슨!'이라는 말을 자신에게 들려주는 사람의 하루는 아주 다를 거예요. 그런 하루하루가 차곡차곡 쌓이면 앞으로의 시간도 더욱 다르게 펼쳐지겠지요.

어떤 모습의 내가 되고 싶은가요? 나에게 매일 들려주고 싶은 말이 있나요? 그 말들을 나에게 들려주세요. 내가 나에게 건네는 예쁘고 따뜻한 말들이 내 삶의 모양을 만들어 갈 거예요.

SONS AND DAUGHTERS

나를 단단하게 지켜주는 말

나를 단단하게 지켜주는 말을 자신에게 건네 보세요.

함께 나눠요

단단하게 성장할 ______ 에게 들려주고 싶은 말

MOM AND DAD

나를 단단하게 지켜주는 말

나를 단단하게 지켜주는 말을 자신에게 건네 보세요.

함 께 나 눠 요

지금도 멋진 ( )에게 들려주고 싶은 말

년 월 일 요일

인정과 주목을 받고 싶은 마음 앞에서

요즘은 SNS를 통해 누구나 쉽게 주목받을 수 있는 시대예요. 그래서일까요? 많은 사람이 인정과 주목을 받는 일에 관심을 갖는 듯해요. 이런 마음은 자연스러운 거예요. 하지만 그 마음이 너무 커지면 자신을 힘들게 만들 수도 있답니다.

지나친 것은 모자란 것과 같다는 말을 들어 봤나요? 어떤 것에 마음이 쏠려 과하게 추구하는 것을 '집착'이라고 해요. 남들의 인정과 인기에 집착하면 진짜 '나'의 모습이 사라질 수도 있답니다.

남을 웃게 하는 사람은 언제나 인기가 많지요. 재미있는 춤이나 노래, 개그로 사람들에게 웃음을 선사하는 친구가 반마다 한 명씩은 꼭 있잖아요. 그런데 그런 친구가 시험 성적이 떨어져서 속상한 날, 키우는 강아지가 아픈 날, 엄마에게 꾸지람을 들은 날에도 자신의 진짜 감정을 숨기고 '주목받기 위해 항상 다른 사람을 웃겨야만 한다.'라는 생각을 가지고 있다면 어떨까요? 아마도 자신에게 아주 힘든 일일 거예요. 진짜 감정을 무시하는 것은 결국 나를 더 아프게 만들거든요.

인기를 얻고 싶은 마음은 누구에게나 있을 수 있어요. 하지만 그 마음이 지나쳐서 남의 칭찬과 인정만을 바란다면 자신에게 물어보세요. “내가 진짜 즐거워서 하는 일인가? 누군가의 관심을 받기 위해 억지로 하는 일은 아닐까?” 하고요. 진심으로 좋아서 하는 일은 나를 지치게 만들지 않아요. 하지만 주목받기 위해 억지로 하는 일은 나를 불안하고 지치게 만들지요. 다른 사람의 반응에 따라 내 기분이 쉽게 흔들리게 되니까요. 이 차이를 알아차리는 순간, 마음이 한결 가벼워질 거예요.

중요한 것은 남들의 시선이 아니라 나답게 살아가는 거예요. 내가 즐겁고 만족스러운 일을 하고, 그 모습이 친구들에게도 기쁨이 된다면, 그보다 더 좋은 일이 어디에 있겠어요? 진심이 담긴 자연스러운 매력은 결국 사람들의 마음에도 닿게 된답니다. 인기는 억지로 만드는 게 아니라 진짜 나로 살아갈 때 따라 오는 ‘보너스’ 같은 거예요.

SONS AND DAUGHTERS

내가 즐겁게 할 수 있는 일들

함께 나눠요

즐거운 일을 발견한 ______ 에게 들려주고 싶은 말

MOM AND DAD

내가 즐겁게 할 수 있는 일들

함께 나눠요

즐거운 일을 하는 ( ) 에게 들려주고 싶은 말

년 월 일 요일

하루 중 가장 행복한 시간은 언제인가요?

우리에게는 매일 24시간이 주어집니다. 달리 말하면 지구 반대편에 살고 있는 이름 모를 누군가나 엄마, 아빠, 선생님, 친구들 그리고 나에게도 매일 시간이라는 '선물'이 도착하는 것이지요. 하루를 분으로 계산하면 1,440분이나 돼요. 하지만 하루를 정신없이 보내다 보면 이 선물 같은 하루가 어떻게 흘러가는지도 모를 때가 있어요.

'다람쥐 쳇바퀴 돌듯'이라는 속담을 들어 봤나요? 앞으로 나아가지 못하고 제자리에서 같은 일을 반복하는 모습을 이르는 말이지요. 매일 학교, 집, 학원만 오가는 것처럼 느껴질 때에도 하루를 자세히 들여다보면 재미있는 시간과 행복한 순간이 반드시 있답니다. 어떤 사람에게는 아침에 강아지와 산책할 때가, 또 누군가에게는 학원을 마치고 친구와 전화 통화를 할 때가 그날의 최고의 순간일 수도 있어요.

'행복'은 주어진 시간을 잘 관찰하는 사람이 발견하는 보물이랍니다. 같은 시간을 보내더라도 누군가는 그 안에서 행복을 발견하지만, 누군가는 지루함만 느낄 수도 있거든요. 매일 반복되는 것 같은 시간 속에서도 눈을 크게 뜨고 행복을 찾아야 하는 이유랍니다.

행복은 거창한 것이 아니에요. 눈에 보이지 않더라도 마음이 살짝 미소 짓는 찰나에 숨어 있답니다. 요즘은 어떤 시간이 가장 행복한가요? 누군가와 함께하는 시간일 수도 있고, 혼자 조용히 책을 읽거나 좋아하는 노래를 듣는 시간처럼 소소한 순간일 수도 있어요.

오늘 하루는 '행복 수집가'가 되어 보면 어떨까요? 학교 가는 길에서 들은 새소리, 친구가 건넨 다정한 인사, 엄마가 차려준 따뜻한 밥상, 심지어 숙제를 마치고 느끼는 뿌듯한 순간까지. 일상에서 행복을 발견하고 마음속에 하나씩 담아두면, 어느새 하루가 반짝이기 시작할 거예요. 이렇게 반짝이는 순간들이 쌓이면 결국 '행복한 하루'가 완성된답니다.

SONS AND DAUGHTERS

오늘 가장 행복했던 순간을 떠올려 보세요.

함 께 나 눠 요

행복한 ____ 에게 들려주고 싶은 말

MOM AND DAD

오늘 가장 행복했던 순간을 떠올려 보세요.

함께 나눠요

행복한 ( ) 에게 들려주고 싶은 말

년 월 일 요일

힐링 푸드, 소울 푸드

'힐링 푸드'라는 말을 들어봤나요? 힐링은 지친 마음을 위로한다는 뜻이에요. 따라서 '힐링 푸드'는 우울하거나 주눅이 들 때, 힘이 빠질 때 먹으면 에너지가 솟는 '나만의 음식'을 말해요. 마찬가지로 '소울 푸드'도 영혼의 단짝 같은 음식을 뜻하지요.

혹시 여러분만의 힐링 푸드나 소울 푸드가 있나요? 어쩌면 지금 좋아하는 그 음식이 어른이 되어서도 마음을 따뜻하게 지켜 줄지도 몰라요. 어릴 적에 먹던 음식은 '맛'뿐 아니라 '추억'이 담겨 있어서 더 특별하거든요.

생일이나 기념일이 아니더라도 '나를 위한 선물'이 필요할 때가 있어요. 하지만 선물에 꼭 큰돈을 쓸 필요는 없어요. 스티커 하나, 신나는 음악, 좋아하는 음식을 앞에 두는 것만으로도 기분이 단번에 좋아질 수 있거든요. 나를 잠시라도 웃게 하는 무언가라면 충분히 가치가 있답니다.

짜증이 나거나 화가 날 때는 친한 친구와 매콤한 떡볶이를 먹으면서 기분을 전환해 보면 어떨까요? 기분이 나쁘다고 엄마에게 못된 말을 하거나 친구에게 괜히 시비를 걸면 내 기분뿐 아니라 다른 사람들의 기분까지 나빠지잖아요. 그렇다고 억지로 참거나 밝은 행동을 할 필요도 없어요. 대신 좋아하는 음식으로 천천히 마음을 달래 보세요. 배가 차면 신기하게 마음도 한결 편안해지거든요.

힐링 푸드나 소울 푸드는 사람마다 달라요. 누군가는 초콜릿 한 조각, 또 누군가는 김이 모락모락 나는 라면 한 그릇일 수도 있어요. 중요한 것은 '이걸 먹으면 마음이 편해진다.'는 느낌이에요. 그 감정이 바로 음식이 주는 나만의 위로랍니다.

가끔은 아무 일 없는 날에도 귀한 손님을 대접하듯이 나를 위해 좋아하는 음식을 준비해 보세요. 그러면 내가 나를 잘 챙기고 있다는 느낌이 들고, 마음도 한결 따뜻해질 거예요.

SONS AND DAUGHTERS

나만의 힐링 푸드, 소울 푸드

함께 나눠요

__________ 와 함께 만들고 싶은 힐링 푸드가 있단다.

MOM AND DAD

나만의 힐링 푸드, 소울 푸드

함께 나눠요

___와 함께 만들고 싶은 소울 푸드가 있어요.

년 월 일 요일

감사한 마음을 찾으면 하루가 달라져요.

우리는 매일 여러 가지 감정을 느껴요. 기분이 좋았다가도 작은 일로 속상해지고, 때로는 좋아하는 친구에게도 서운함을 느끼기도 하지요. 이렇게 다양한 감정이 함께 찾아오는 것은 자연스러운 일이에요. 중요한 것은 '어떤 감정에 집중할 것인가?'예요.

나쁜 점만 보며 부정적인 생각을 하면 하루가 금세 흐려져 버려요. 그러나 마음을 조금만 돌려 좋은 점을 찾아보면 그날의 분위기는 완전히 달라지지요. '오늘은 온통 짜증 나는 일 투성이였어.'라고 말하면, 소소한 감사거리들이 모두 사라져 버려요. 하지만 차분히 떠올려 보면 언제나 좋은 일 한두 가지는 있게 마련이랍니다. 그래서 감사하는 마음은 저절로 생기는 마음이 아니라 '내가 선택하고 키워 가는 마음'이라고 해요.

쪽지 시험을 망쳤거나 친구와 다투어서 기분이 엉망이라도 잠시 마음을 가라앉히고 생각해 보세요. 나를 소중하게 생각하는 사람들, 기분 전환이 되는 취미,

집에 돌아가면 반갑게 맞아 주는 가족과 반려동물처럼 소중한 것들을요. 이런 것들을 하나씩 떠올리다 보면 '아, 감사할 게 이렇게나 많구나!' 하는 마음이 자연스럽게 생길 거예요.

감사하는 마음은 다른 사람에게 쉽게 퍼진다는 장점도 있어요. 고맙다는 말 한마디, 작은 배려 한 번이 다른 사람의 하루까지 밝게 만들 수 있지요. 그리고 감사는 신기하게도 찾으면 찾을수록 더 많이 보이고, 더 자주 생기기도 해요.

감사는 우리 마음을 어둡게 하던 먹구름을 걷어 내고, 빛이 스며들게 한답니다. 그 작은 빛이 쌓이면 어느새 우리의 하루가 달라져 있을 거예요.

SONS AND DAUGHTERS

오늘의 감사

오늘 있었던 감사한 일 5가지를 써 보세요.
한 가지를 골라 감사한 이유를 구체적으로 적어 보세요.

1.

2.

3.

4.

5.

함께 나눠요

(　　　　) 에게 고마웠던 일이 있단다.

MOM AND DAD

오늘의 감사

오늘 있었던 감사한 일 5가지를 써 보세요.
한 가지를 골라 감사한 이유를 구체적으로 적어 보세요.

1.

2.

3.

4.

5.

함께 나눠요

(   )에게 고마웠던 일이 있어요.

년 월 일 요일

자신의 모습이 마음에 들지 않을 때가 있나요?

지구에는 82억 명이 넘는 사람이 살고 있어요. 8억 명도 아니고 82억 명이라니 얼마나 많은지 한 번에 짐작하기도 어렵지요? 놀라운 점은 이토록 많은 사람 중에 '나'와 똑같은 사람이 단 한 명도 없다는 사실이에요. '어떻게 그럴 수 있지?' 싶겠지만 사실인걸요. 모두 생김새가 다르고, 지문도 다르고, 유전자도 달라요. 혹시 나와 비슷하게 생긴 사람이 있을지도 모르지만, 분명히 다른 사람이랍니다. 성격이나 좋아하는 음식, 자라난 환경과 꿈꾸는 미래도 전부 다를 테니까요.

더욱 놀라운 사실은 그동안 지구상에 살다 간 사람 중에도 나와 똑같은 사람이 단 한 명도 없었다는 사실이에요. 과거에도, 현재에도, 미래에도 '나'는 오직 나뿐이에요. 우리와 똑같은 존재가 하나도 없다는 사실만으로도 개개인은 특별하고 귀해요. 그 가치를 헤아릴 수 없을 만큼 소중하지요.

하지만 거울을 보면 마음에 안 드는 부분만 눈에 들어온다고요? 내가 소중한 존재라는 것은 알지만, 그렇다고 예뻐 보이는 것은 아니라고요? 놀라운 비밀을 알려 줄게요. 우리는 대상을 어떤 마음으로 바라보느냐에 따라 완전히 다르게 볼 수 있어요. '나는 못생겼어.'라는 마음으로 바라보면 나의 모든 게 불만족스럽고 미워 보일 거예요. 남들과 비교하며 바꾸고 싶은 부분만 보이지요. 반대로 '나는 나만의 매력으로 가득해.'라는 마음으로 바라보면 작아서 볼품없던 코는 동그래서 귀여운 코로, 쌍꺼풀이 없어서 밋밋해 보이던 눈은 요즘 인기 있는 아이돌을 닮은 눈으로 보인답니다. 그래서 '눈'으로 보는 것보다 중요한 것이 바로 '마음의 눈'으로 보는 거예요. 마음의 눈을 조금만 바꿔도 세상이 달라 보인다는 것은 정말 신기한 일이에요.

사실 사람들은 생각보다 다른 사람의 외모에 관심이 없어요. 하지만 우리는 자신을 너무 잘 알고 있기 때문에 작은 단점도 크게 느껴지는 것이지요. 그래서 더 더욱 '나를 바라보는 방식'을 연습하는 것이 중요하답니다.

나만의 매력을 발견하려고 마음을 열면 그동안 보이지 않던 좋은 점들이 하나 둘씩 보일 거예요. 목소리가 따뜻하다든지 웃을 때 예쁘다든지 집중할 때 진지한 눈빛이 멋지다든지 말이에요. 이런 매력은 거울이 아니라 오직 마음의 눈으로만 볼 수 있는 것들이지요.

내가 나를 긍정적으로 바라보기 시작하면, 다른 사람을 보는 눈도 함께 달라진답니다. 비교하는 마음에서 벗어나 서로의 다른 점을 긍정적으로 볼 수 있게 되거든요. 세상에 단 하나뿐인 '나'를 인정하는 순간, 자연스럽게 세상에 단 하나뿐인 '너'도 존중하게 될 거예요.

SONS AND DAUGHTERS

나만의 매력 자랑하기

내 모습에서 가장 마음에 드는 부분은 무엇인가요?
마음에 드는 이유도 구체적으로 적어 보세요.

함께 나눠요

매력적인 (   )에게 들려주고 싶은 말

MOM AND DAD

나만의 매력 자랑하기

내 모습에서 가장 마음에 드는 부분은 무엇인가요?
마음에 드는 이유도 구체적으로 적어 보세요.

함께 나눠요

매력적인 ______에게 들려주고 싶은 말

년 월 일 요일

자극적인 영상만 재미있는 나, 어쩌죠?

세상에는 재미있는 것들이 수두룩합니다. 때로는 지나치게 많다고 느껴질 정도지요. 우리를 둘러싼 환경은 심심하고 지루할 틈을 주지 않거든요. TV만 켜도 수많은 채널이 우리를 기다리고 있고, 스마트폰만 있다면 무인도에서도 한 달은 거뜬히 버틸 수 있을 것 같다는 생각이 들 정도잖아요.

손안에 든 작은 세계, 스마트폰은 놀라운 도구입니다. 세상을 완전히 바꾸어 놓은 것도 맞아요. 우리는 지구 반대편의 사람들과도 연결될 수 있고, 과거에는 구하기 힘들었던 정보를 단 1분 만에 찾을 수도 있게 되었어요. 어디 그뿐인가요? 배꼽 빠지게 웃긴 영상 콘텐츠도 밤새도록 볼 수 있을 만큼 많으니까요.

그런데 혹시 한 시간 넘게 스마트폰으로 영상을 시청했는데 뒤돌아서니 머릿속에 남는 게 하나도 없었던 경험이 있지 않나요? '내가 뭘 봤지?'하고 흠칫 놀랄 만큼 백지상태였던 적은요? 쉬고 싶어서 영상을 봤는데, 긴 시간 보고 나니 더 피곤해지거나 불안해졌던 경험도 있을 거예요.

그 이유는 '도파민'에 있어요. 도파민은 우리 뇌에서 만들어지는 신경전달물질을 말해요. 쉽게 말해 뇌 속에서 신호를 전달하면서 우리의 기분을 조절하고 어떤 일을 하려는 마음이 들게 하는 화학 물질이라고 생각하면 돼요.

영상이나 게임처럼 강한 자극을 반복해서 받으면 도파민이 순간적으로 많이 분비되기 쉬워요. 이런 상태가 계속되면 뇌가 같은 자극에 점점 덜 반응하게 되어 더 자극적인 영상을 찾게 된답니다. 그 결과 공부나 독서처럼 도파민이 서서히 분비되는 활동은 상대적으로 지루하게 느껴질 수 있어요. 이런 상태가 거듭되면 일상에서 작은 즐거움을 느끼기 어려워지고, 기분이 자주 변하거나 집중력이 떨어지는 문제도 나타날 수 있어요.

적절한 도파민 균형을 회복하고, 점점 강한 자극을 원하는 자신을 변화시키고 싶다면 우리 뇌의 반응과 도파민 분비 과정을 이해하고 행동에 조금씩 변화를 주는 것이 중요해요. 예를 들어 영상 시청 시간을 일주일에 10분씩 줄이거나 게임을 오래하고 난 다음 날은 친구와 공원을 산책하는 식으로요. 단순히 '영상 시청은 나쁜 거야.'라고 생각하는 것만으로는 행동을 바꾸기는 어렵거든요.

처음부터 모든 자극을 완벽하게 차단하려고 하면 오히려 실패하기 쉬워요. 그보다는 작은 변화를 꾸준히 이어가며 몸과 마음, 우리 뇌에 편안함과 안정감을 주도록 해 보세요.

SONS AND DAUGHTERS

나를 편안하게 쉬게 할 방법 찾기

몸과 마음이 진짜 편안해졌던 경험이 있나요?

함 께 나 눠 요

함께 쉬면서 하고 싶은 게 있단다.

MOM AND DAD

나를 편안하게 쉬게 할 방법 찾기

몸과 마음이 진짜 편안해졌던 경험이 있나요?

함께 나눠요

함께 쉬면서 하고 싶은 게 있어요.

년 월 일 요일

취미 생활은 참 좋은 일이야.

세상에는 다양한 즐거움이 있어요. 흔히 '오감(五感)'이라고 하는 다섯 가지 감각을 잘 활용하면 더 큰 기쁨을 발견할 수도 있답니다. 오감에는 눈으로 느끼는 시각, 귀로 소리와 진동을 느끼는 청각, 코로 냄새를 느끼는 후각, 피부로 질감을 느끼는 촉각, 마지막으로 혀로 맛을 느끼는 미각이 있어요.

우리는 평소에 이 감각들을 너무나 자연스럽게 사용하기 때문에 감각이 얼마나 큰 행복을 주는지 종종 잊기도 해요. 맛있는 음식을 한 입 먹는 순간, 그날의 피로가 싹 사라지는 경험도 누구나 있을 거예요. 좋아하는 곡을 듣는 것만으로도 마음이 부드러워지고, 따뜻한 햇볕을 쬐는 것만으로도 기분이 환해지는 경험도 있지 않나요? 갓 구운 빵 냄새를 맡을 때 미소가 지어지는 순간과 학교 끝나고 엄마와 만들어 먹는 매콤한 떡볶이의 맛은 또 어떨고요? 좋아하는 책을 읽는 순간 역시 작은 위안을 주지요. 이렇게 오감은 단순히 느낌을 전달하는 역할을 넘어서, 감정과 기억을 연결하는 중요한 다리 역할을 해요.

우리는 오감을 통해 세상을 더 깊고 풍부하게 경험할 수 있답니다. 그리고 우리가 아는 대부분의 취미 활동이 바로 이 오감을 만족시키는 것이기도 하지요. 어쩌면 취미를 갖는다는 것은 오감을 깨워 내 삶의 기쁨을 더 선명하게 만드는 과정이라고 할 수도 있을 거예요.

요즘 관심 있는 활동이 있나요? 그림 그리기나 악기 연주, 테니스나 배드민턴, 제빵이나 반려동물과 함께하는 산책, 식물 기르기도 좋지요. 새로운 취미 활동을 시작하면 일상에 작은 힘이 생기고, 예상치 못한 재능을 발견하게 되기도 해요. 꼭 거창한 것이 아니어도 괜찮아요. 잠깐의 댄스 타임, 몇 페이지의 독서, 예쁜 이모티콘 하나 그리기도 충분히 취미가 될 수 있답니다. 나를 즐겁게 해 주는 시간이 생기면 하루가 훨씬 흥겹게 느껴질 거예요.

취미는 마음을 건강하고 행복하게 만들어 주는 일이기도 해요. 때로는 마음 깊이 자리한 슬픔이나 불안감도 취미 활동을 통해 잊게 되거든요. 그러니 취미를 가지는 것은 좋은 일이에요. 중요한 것은 '즐거움'을 기준으로 나에게 맞는 활동을 찾아가는 거예요. 그렇게 나만의 리듬을 만드는 순간, 삶은 훨씬 더 풍요로워질 거예요.

SONS AND DAUGHTERS

요즘 관심이 생긴 분야가 있어요.

함께 나눠요

( )와 함께하고 싶은 활동이 있단다.

MOM AND DAD

요즘 관심이 생긴 분야가 있단다.

함께 나눠요

와 함께하고 싶은 활동이 있어요.

년 월 일 요일

결과만 생각하지 않아도 괜찮은 이유

많은 사람이 시험 점수나 수상 기록 같은 '결과'를 중요하게 여깁니다. 그래서 최선을 다해 노력한 일이라도 눈에 띄는 결과가 없다면 헛수고처럼 여겨지기도 해요. 괜히 시간을 낭비했다는 생각도 들고요. 나아가 '나'라는 사람이 부족해서 결과가 좋지 않았다고 주눅 들거나 마음 아파하는 경우도 있어요. 때로는 나보다 부족해 보이는 친구가 훨씬 좋은 결과를 얻은 것처럼 보여서 시기하고 질투하는 마음도 들고, 괜히 자신이 미워지기도 해요. 하지만 이런 생각은 바람직하지 않아요. 똑같이 노력해도 매번 상을 받거나 경쟁에서 이기기만 할 수는 없거든요.

조금만 다르게 바라보면 어떨까요? 결과는 내가 정할 수 있는 게 아니잖아요. 시험 문제도, 상대의 실력도, 그날의 기분도 모두 다를 테고요. 결과만 생각하면 마음이 흔들릴 때가 있고, 아무도 알아주지 않으면 내가 한 일이 의미 없어 보이기도 하지만, 노력은 내가 선택할 수 있어요. 얼마나 집중했는지, 얼마나 성실하게 노력했는지는 내가 가장 잘 알고 있잖아요. 그러니 내가 먼저 나를 인정해 주는 거예요.

아무리 결과가 좋아도 아쉬움이 남을 수 있고, 남들이 대단하다고 칭찬해도 스스로 만족하지 못하면 행복하지 않아요. '오늘 한 노력', '지난번보다 나아진 부분', '최선을 다하는 태도', '어제보다 더 해낸 것'을 떠올려 보세요. 결과가 만족스럽지 않더라도 나만 알고 있는 과정 안에 모든 것이 담겨 있거든요. 내가 나를 인정하고 칭찬하는 마음은 때로 결과보다 더 빛나는 상장이 되기도 해요. 이런 습관은 실패해도 다시 도전할 힘을 길러 준답니다.

우리의 하루를 성취도나 결과로만 평가할 수는 없어요. 결과만큼 중요한 것이 과정이니까요. 그러니 어떤 마음으로, 얼마나 노력하며 하루를 보냈는지 살펴보는 것이 중요해요. 어떤 일의 결과는 한 번으로 끝나지만, 과정을 돌아보고 점검하면 계속 성장할 힘을 얻을 수 있거든요. 결과만 생각하며 달려가거나 누군가의 칭찬을 기다리며 눈치를 볼 필요는 없답니다.

눈에 보이지 않아도 오늘의 노력은 내 안에 차곡차곡 쌓여요. 남들이 알아 주지 않아도 매일 하는 연습과 아무도 보지 않는 자리에서 하는 시도가 내일의 나를 만들어 줄 거예요. 오늘의 나는 이미 충분히 잘하고 있고, 그 자체로 의미가 있어요.

SONS AND DAUGHTERS

결과가 바로 나오지 않아도 해 보고 싶은 일

함께 나눠요

도전하는 ( ) 에게 들려주고 싶은 말

MOM AND DAD

결과가 바로 나오지 않아도 해 보고 싶은 일

함께 나눠요

도전하는 (　　　　)에게 들려주고 싶은 말

DIARY

4장

성장하는 나를 위한 습관과 생각

✦

나만의 속도를 이해하며
꿈과 목표를 이루기 위한 이야기

년 월 일 요일

좋은 습관 만들기

습관은 참 재미있고 신기해요. 마치 경계심 많은 고양이처럼 다가오기 싫어하지만, 익숙해지면 오래 함께하게 되거든요. 한 번 익히면 나중에는 힘들이지 않아도 자연스럽게 하게 되는 것이 바로 습관이 가진 힘이에요. 그래서 좋은 습관을 들이면, 두고두고 유용하게 쓸 수 있어요.

게다가 좋은 습관은 다른 일에도 영향을 준답니다. 아침 독서를 예로 들어 볼게요. 아침에 10분 동안 책을 읽기 위해서는 일찍 일어나는 습관이 필요해요. 늦게 일어나서 허둥지둥 겨우 지각만 면하는 사람이 '아침 독서 시간'을 확보하기는 어려울 테니까요. 일찍 일어나기 위해서는 늦게까지 TV를 보거나 핸드폰을 사용하면 안 되겠지요? 늦게 잠들면 아침에 늦잠을 자게 되어 전체적인 일정이 다 틀어질 수도 있으니까요. 결국 '아침 독서 10분'을 위해서는 취침 습관과 기상 습관, 생활 습관까지 개선해야 하지요.

앞으로 익히고 싶은 습관이 있나요? 지금 가지고 있는 습관들은 어떤가요? 좋은 습관도 있고, 나쁜 습관도 있을 거예요. 그렇다면 어떻게 해야 좋은 습관을 오래 유지할 수 있을지도 생각해 볼까요?

좋은 습관을 유지하는 방법은 바로 '매일 조금씩이라도 실천하는 것'이랍니다. 생활 속에서 '작은 반복'을 유지하는 것이지요. 기분이 좋거나 시간이 남을 때만 하는 게 아니라 자신과 약속한 시간과 장소에서 그 일을 꾸준히 해 나가는 거예요.

'일주일에 3번 달리기 습관 만들기'
이렇게 자신만의 계획을 세웠다면 반드시 지키는 거예요. 한 번, 두 번, 열 번, 스무 번. 그렇게 해낸다면 무척 뿌듯하고, 자신이 대견하게 느껴질 거예요.

내가 정한 습관을 들이기 위해 노력하고 있다면 나를 칭찬하는 일도 중요해요. 상을 받거나 시험을 잘 본 나만큼 약속을 잘 지키는 나도 너무 멋지잖아요. 작은 약속을 꾸준히 지키는 것은 시험을 잘 보는 것만큼 어려운 일이기도 하니까요.

좋은 습관들은 나를 지켜 주는 든든한 무기이자 방패랍니다! 처음에는 익숙하지 않아 힘들 수 있지만, 습관의 힘을 믿고 매일 조금씩 나아가 보세요.

SONS AND DAUGHTERS

좋은 습관 챌린지

몸에 익히고 싶은 습관이 있나요?
세 가지를 떠올려 보고, 일주일간 실천할 좋은 습관 한 가지를 정해 보세요.

1.

2.

3.

함께 나눠요

새로운 습관 형성에 도전한 ______ 에게 들려주고 싶은 말

MOM AND DAD

좋은 습관 챌린지

몸에 익히고 싶은 습관이 있나요?
세 가지를 떠올려 보고, 일주일간 실천할 좋은 습관 한 가지를 정해 보세요.

1.

2.

3.

함께 나눠요

새로운 습관 형성에 도전한 ______ 에게 들려주고 싶은 말

년 월 일 요일

필사를 하면 이렇게나 좋아요.

'필사(筆寫)'는 '붓으로 쓴다.'라는 뜻이에요. 예전에는 붓과 먹을 이용해서 글을 썼기 때문에 이런 한자어가 만들어졌지요. 말 그대로 '문장을 그대로 옮겨 적는 글쓰기'가 바로 필사예요. 문장을 옮겨 적으면 어디에 좋냐고요? 필사는 생각보다 장점이 많답니다. 심지어 재미있기도 해요. 필사의 장점을 하나씩 천천히 짚어 볼게요.

책에서 글을 옮겨 적으면 훌륭한 글쓰기 공부가 돼요. 좋은 문장을 따라 쓰다 보면 우리는 그 문장을 눈으로 읽고, 속으로 되새기고, 때로는 입으로 소리 내어 읽게 되잖아요. 이렇게 여러 감각을 사용해 글을 접하는 과정에서 어휘력과 표현력이 쑥쑥 자라거든요.

그리고 필사를 하면 글쓰기 실력도 좋아진답니다. 글을 잘 쓰기 위해서는 좋은 글을 많이 읽는 것이 중요한데, 필사를 하면 좋은 문장을 만나게 되니까요. 게다가 그냥 읽을 때는 지나쳤던 부분도 새롭게 보게 되지요. '이 작가는 왜 이렇게 표현했을까?', '이 시인은 이 장면을 이렇게 빗대었구나.' 하고 생각하면서 문장력과 글쓰기 실력도 서서히 향상되거든요.

또 필사는 집중력을 기르는 데도 도움이 돼요. 한 글자 한 글자 또박또박 손으로 옮겨 쓰면 잔잔한 호수처럼 마음이 차분해지고, 마음을 손끝에 모으는 시간을 보내게 된답니다. 이렇게 조용히 혼자 앉아 글을 따라 쓰는 것만으로도 집중하는 힘을 기를 수 있어요.

자꾸 쓰다 보면 글씨도 조금씩 달라진답니다. 처음부터 잘 쓰려고 애쓰지 않아도 괜찮아요. 처음에는 삐뚤빼뚤해도 계속 써 나가다 보면 어느새 반듯해진 글씨를 만나게 될 테니까요.

필사를 하는 시간은 잘하려고 하는 연습 시간이 아니라, 조금씩 나아지는 경험을 쌓는 시간이에요. 쉽고 재미있게 시작할 수 있는 필사를 지금부터 시작해 볼까요? 혼자 하는 것도 좋지만 엄마, 아빠와 함께하면 두 배로 즐거울 거예요.

SONS AND DAUGHTERS

( ) 에게 소개하고 싶은 책 속의 문장

함께 나눠요

함께 쓰고 싶은 문장을 소개해 준 ( ) 에게 들려주고 싶은 말

MOM AND DAD

와 나누고 싶은 책 속의 문장

함께 나눠요

함께 쓰고 싶은 문장을 소개해 준 에게 들려주고 싶은 말

년 월 일 요일

하기 싫은 것도 꼭 해야 할까요?

하루를 돌아보면 하기 싫은 일을 더 많이 했다고 느껴지는 날도 있을 거예요. 좋아하는 게임이나 유튜브 보기는 티끌만큼만 할 수 있고, 학교나 학원에서 공부하느라 하루가 금방 지나가니까요. 그래서 '하기 싫은 것을 왜 해야 하지? 하고 싶은 일만 하면서 살 수는 없을까?' 이런 생각이 들 수 있어요. 어른은 시간을 마음대로 사용할 수 있을 것 같아서 빨리 어른이 되기를 바랄 수도 있겠고요.

그런데 세상 누구도 하고 싶은 일만 하면서 살 수는 없답니다. 우리 모두에게는 '해야 하는 일'과 '하고 싶은 일'이 있거든요. 그 둘이 항상 일치하면 좋겠지만, 그런 행운은 자주 오지 않아요.

학교 수업, 학원 숙제, 때로는 양치나 샤워도 다 귀찮고 하기 싫을 때가 있을 거예요. 하지만 신기하게도 그런 일들이 모여서 내가 하고 싶은 일을 할 수 있는 힘이 되기도 한답니다. 당장은 하기 싫더라도 지금 배우고 익히는 시간이 결국 내가 하고 싶은 일을 선택하고, 잘 해낼 수 있는 밑바탕이 되는 거예요.

예를 들어, 운동선수도 경기에서 빛나기 위해 매일 훈련을 해요. 작가도 한 권의 책을 쓰기 위해 하기 싫은 날에도 책상 앞에 앉고요. 하고 싶은 일 뒤에는 언제나 하기 싫은 일을 견디는 시간이 숨어 있어요. 그래서 하기 싫은 일을 견디는 시간은 '고통의 시간'이 아니라 '성장의 시간'이에요. 하기 싫은 일을 이겨낼 때마다 내 안에 성장의 근육이 하나씩 생기거든요. 이 근육을 단련할수록 하고 싶은 일을 더 오래, 더 멋지게 해낼 수 있게 된답니다.

물론 하기 싫은 일을 매일 잘 해내는 것은 어려워요. 때로는 짜증도 나겠지요. 그런 날에는 잠시 쉬어도 괜찮아요. 중요한 것은 다시 돌아오는 거예요. "그래, 오늘은 조금 지쳐서 쉬었어. 내일 다시 해 보자."라는 마음으로요.

하기 싫은 일을 억지로 하면 금방 지치지만, 그 일을 좋아하는 일을 하기 위한 준비 과정이라고 생각하면 마음이 훨씬 가벼워질 거예요. 힘들 때는 '이걸 다 하면 내가 좋아하는 것을 할 수 있지!'라고 생각해 보세요. 그리고 하루를 마무리할 때는 '오늘은 이것도 해냈어!' 하고 자신을 칭찬해 보기도 하고요. 작은 일이라도 괜찮아요. 그러면 어느 순간 '하기 싫은 일'이 '해낼 수 있는 일'로 바뀌게 될 거예요.

SONS AND DAUGHTERS

하기 싫은 일이 있어요.

Q1. 하기 싫은 일이 있나요? 2가지만 꼽아보세요.

Q2. 하기 싫은 일을 해낸 경험이 있나요?

Q3. 하기 싫은 일을 해냈을 때 어떤 기분이 들었나요?

Q4. 하고 싶은 일만 하면서 살면 어떻게 될까요?

함께 나눠요

하기 싫은 일도 해내는 ______ 에게 들려주고 싶은 말

MOM AND DAD

도 하기 싫은 일이 있단다.

Q1. 하기 싫은 일이 있나요? 2가지만 꼽아보세요.

Q2. 하기 싫은 일을 하지 않아서 문제가 생긴 적이 있나요?

Q3. 하기 싫은 일을 해냈을 때 어떤 기분이 들었나요?

Q4. 하기 싫은 일도 즐겁게 할 수 있는 아이디어가 있나요?

함 께 나 눠 요

하기 싫은 일도 해내는 ____________ 에게 들려주고 싶은 말

년 월 일 요일

가장 좋아하는 책은 무엇인가요?

독서는 혼자 책을 읽는 조금 심심하고 외로운 활동이라고 생각할 수 있어요. 하지만 책 속에는 수많은 사람들의 생각이 담겨 있지요. 그래서 우리는 책을 읽는 동안 작가나 이야기 속 인물과 대화하며 마음을 나누고, 그 과정에서 세상과 자신을 조금 더 깊이 이해할 수도 있답니다.

지금 읽고 있는 책이 내가 누구인지를 알려 줄 때도 있어요. 만약 어떤 친구가 우주와 관련된 책만 연달아 읽는 중이라면 그 친구의 머릿속에는 온통 우주가 반짝이고 있을 거예요. 우주 과학자나 우주 비행사를 꿈꾸며 책 속으로 자신만의 여행을 떠나는 중일지도 몰라요. 기발하고 멋진 상상을 하면서요.

그래서 어떤 사람에 대해 조금 더 알고 싶을 때 "요즘 좋아하는 책이 뭐야?"라고 물어보는 것을 추천해요. "그 책이 왜 좋은데?"라고 질문하면 상대의 마음을 더 잘 이해하게 될 수도 있을 거예요. "요즘 네 관심사는 뭐야?", "요즘도 고민거리가 있어?"라는 질문에는 대답하기가 곤란할 수도 있지만, 어떤 책을 좋아하는

지, 그 책이 왜 좋은지 질문하면 부담스럽지 않게 자신의 취향이나 관심사에 대해 표현할 수 있거든요.

책은 시대를 건너 우리를 이어주기도 해요. 나라와 언어를 초월하기도 하지요. 우리는 100년 전 영국에서 살았던 작가의 소설을 대한민국이라는 나라에서 한국어로 읽을 수 있잖아요. 얼마나 멋진 일인가요? 책은 이미 죽은 나무로 만들어졌지만, 살아 있는 사람들을 아주 생생하고 가깝게 연결해 주는 끈이 되기도 해요. 그런 의미에서 책은 세상의 어떤 물건보다도 뜨거운 생명을 가졌지요.

때로는 같은 책을 읽은 친구와 각자의 생각을 나눠 보세요. 서로가 감동을 받거나 공감한 부분이 너무 달라서 신기하고 재미있는 경험이 될 거예요. '똑같은 책을 읽은 게 맞을까?' 하는 의심이 생길지도 몰라요. 다양한 방법으로 책을 대하면 독서도 즐거운 놀이가 된답니다.

SONS AND DAUGHTERS

좋아하는 책을 소개해요.

가장 좋아하는 책은 무엇인가요?
그 책이 좋은 이유도 적어 볼까요?

함께 나눠요

책을 좋아하는 ______에게 들려주고 싶은 말

MOM AND DAD

좋아하는 책을 소개해요.

가장 좋아하는 책은 무엇인가요?
그 책이 좋은 이유도 적어 볼까요?

함께 나눠요

책을 좋아하는 ( ) 에게 들려주고 싶은 말

년 월 일 요일

모두의 속도는 다 다르니까요.

같은 일을 해도 유난히 빠르고 정확하게 해내는 사람이 있어요. 똑같이 시작해도 하나하나 아주 느리게 해 나가는 사람도 있고요. 나는 어느 쪽에 더 가깝다고 생각하나요?

'빨리빨리 증후군'이라는 말을 들어 본 적이 있나요? 우리나라 사람들은 무엇이든 빨리 해결하려는 경향이 있어서 생긴 말이에요. 이러한 성향 때문일까요? 많은 사람이 '빠른 게 무조건 좋은 것'이라고 생각하는 듯해요. 하지만 빠르다고 언제나 좋은 것은 아니랍니다.

우리의 속도는 모두 달라요. 토끼와 거북이는 자신만의 속도로 달리며 각자 다른 풍경을 볼 수 있지요. 동물들뿐 아니라 사람도 마찬가지예요. 누구나 자기만의 속도가 있어요.

빠르다고 늘 좋은 것이 아니듯, 느리다고 나쁜 것만도 아니에요. 빠른 사람은 짧은 시간에 더 멀리 갈 수 있고, 더 많은 경험을 할 수 있어요. 반면에 느린 사람은 더 자세히 살피고, 꼼꼼하게 배우며 나아갈 수 있고요. 그리고 빠른 사람은 시간을 절약해 다른 일에 도전할 수 있고, 느린 사람은 더 섬세하게 일하며 완성도를 높일 수 있지요. 결국 속도보다 중요한 것은 방향과 자신의 속도를 인정하는 마음이에요.

나만의 속도를 존중해 주세요. 마음과 기질을 연구하는 사람들은 말해요. 타고나기를 빠른 사람도, 느린 사람도 있다고요. 타고난 성향을 억지로 바꾸려고 하면 큰 스트레스를 받을 수 있답니다. 그러니 옆에 있는 사람의 속도와 비교하면서 조급해할 필요는 없어요. 중요한 것은 내가 낼 수 있는 최선의 속도로, 나의 리듬을 지키며 꾸준히 나아가는 거니까요. 무리해서 서두르다 보면 오히려 중요한 부분을 놓칠 수도 있거든요.

그러니 남들보다 느리다고 자책할 필요는 없어요. 우리는 지금도 각자의 속도에 맞춰 열심히 걷고 있으니까요. 그것으로 충분하답니다. 최선을 다하고 있는 자신을 믿고 응원해 주세요.

오늘도 나만의 속도로, 내가 정한 방향을 향해 한 걸음 내디뎌 볼까요?

SONS AND DAUGHTERS

나만의 속도 찾아가기

혼자만 느리게 하는 일이 있나요?
다른 사람보다 빠르게 잘할 수 있는 일은 무엇인가요?

함께 나눠요

자신만의 속도를 찾아가는 ______ 에게 들려주고 싶은 말

MOM AND DAD

 도 속도와 방향을 찾는 일은 어려웠단다.

혼자만 느리게 하는 일이 있나요?
다른 사람보다 빠르게 잘할 수 있는 일은 무엇인가요?

함 께 나 눠 요

속도와 방향을 찾은 ______ 에게 들려주고 싶은 말

년 월 일 요일

걱정을 너무 앞당겨 하지 않는 방법

'기우(杞憂)'라는 한자어를 알고 있나요? 일어날 확률이 매우 적은 일을 미리 걱정하는 것을 뜻하는 말이지요. 옛날 중국의 기(杞)나라에 살았던 한 사람이 '만일 하늘이 무너지면 어디로 피해야 좋을 것인가?' 하고 걱정했다는 이야기에서 유래한 말이랍니다. 아주 옛날에도 '걱정 예약'을 하는 사람이 많았다는 증거겠지요.

걱정을 하지 않고 사는 것은 여름에 눈이 내리는 것만큼 어려운 일이예요. 하지만 미리부터 걱정한다고 문제가 해결되지는 않아요. 오히려 불안하고 마음만 무거워지지요. 그러면 어떻게 해야 하느냐고요? 먼저 걱정의 종류를 구분해 보는 거예요.

어떤 걱정은 내가 할 수 있는 일이 전혀 없어요. 예를 들어 '소풍 가는 날에 비가 오면 어쩌지?' 같은 걱정은 아무리 고민해도 해결책을 찾을 수 없지요. 걱정하면 할수록 마음만 답답해질 뿐이에요.

일어날 확률이 매우 적고 비현실적인 걱정도 있어요. '내일 가족이 갑자기 다치면 어떡하지?', '외계인이 아무도 모르게 나를 데려가지는 않을까?' 같은 것들이요. 이런 종류의 고민은 비현실적이지만, 반복되면 마음이 참 힘들어져요. 만약 이런 걱정이 지속된다면 요즘 스트레스를 받는 일이 있는지, 불안하지는 않은지 먼저 살펴보세요. 그리고 스스로에게 이렇게 말해 주세요. '그런 일은 일어나지 않아. 나는 지금 안전해.'

마지막으로 실제로 일어날 수 있어서 신경 쓰이는 걱정도 있어요. '내일 리코더 시험을 망치면 어쩌지?', '회장 선거 공약 발표를 잘할 수 있을까?' 같은 걱정이 여기에 속해요. 이런 걱정은 잠들기 전에 한 번 더 연습해 본다거나 가족 앞에서 발표 연습을 하는 식으로 해결할 수 있어요. 연습을 반복하다 보면 마음이 훨씬 가벼워질 거예요.

결국 중요한 것은 걱정의 종류를 구분하고, 걱정의 '진짜 얼굴'을 잘 들여다보는 거예요. 내가 해결할 수 없는 걱정이라면 흘려보내고, 내가 해결할 수 있는 걱정이라면 직접 행동으로 옮겨 보세요. 그러면 우리는 걱정에 끌려다니는 사람이 아니라 걱정을 스스로 다스릴 줄 아는 사람이 될 수 있어요.

SONS AND DAUGHTERS

이 걱정, 내가 해결할 수 있을까요?

Q1. 요즘 가장 걱정하는 것은 무엇인가요?

Q2. 그 걱정을 해결할 방법이 있나요?

Q3. 당장 해결할 수 없는 걱정이라면, 어떻게 흘려보내면 좋을까요?

Q4. 해결할 수 있는 걱정이라면, 오늘 할 수 있는 일은 무엇일까요?

함께 나눠요

걱정이 많은 ____________ 에게 들려주고 싶은 말

MOM AND DAD

도 걱정이 있단다.

최근에 한 걱정은 무엇인가요?
걱정되는 일은 어떻게 해결했나요?

함 께 나 눠 요

걱정을 해결한 에게 들려주고 싶은 말

년 월 일 요일

공부는 원래 이렇게 재미없는 것인가요?

친구와 놀거나 게임할 때는 시간이 쏜살같이 흐르는데, 공부를 하려고 앉으면 10분도 버티기가 힘들었던 경험이 있나요? 그렇다고 해서 '공부 바이러스'에 감염된 것은 아니랍니다. 공부는 원래 쉽지 않은 일이니까요.

공부를 할 때는 무엇보다 '집중'이 필요해요. 눈으로 대충 훑는 것만으로는 문제를 이해하고 풀 수 없거든요. 글을 차분히 읽으며 개념을 이해하고, 스스로 생각하는 과정이 꼭 필요하지요. 이런 과정을 게임처럼 신나고 재미있다고 느끼기는 어려울 거예요. 하지만 긴 시간 집중한 끝에 어려운 문제 하나를 풀어냈다고 생각해 보세요. 게임에서 레벨업을 했을 때 못지않은 탄성이 절로 나오고, '내가 결국 해냈다!'라는 생각에 자신감도 쑥 올라갈 거예요.

공부가 힘든 또 다른 이유는 뇌에 새로운 길을 내는 일이기 때문이에요. 처음 배우는 수학 개념이나 영어 문법을 떠올려 볼까요? 숲속에 처음 길을 낼 때처럼 뇌에도 새로운 '공부 길'을 만들어야 그쪽으로 나아갈 수 있어요. 익숙하지 않은 길을 가야 할 때 우리 뇌는 많은 에너지가 필요하답니다. 그래서 공부가 어렵고 힘들게 느껴지는 거예요.

너무 힘들 때는 한 번에 이해하려고 애쓰지 말고 천천히 한 걸음씩만 내디딘다고 생각해 보세요. 작은 목표를 정해 두고 오늘은 여기까지, 내일은 저기까지만 나아가 보는 거지요. '왜 나는 이렇게 이해가 느리지? 혹시 공부 머리가 없는 것은 아닐까?' 하고 자신을 탓할 필요는 없어요. 원래 공부는 반복을 통해 쌓아가는 것이니까요. 한두 번 시도해서 모두가 잘할 수 있다면 노력할 필요도 없을 테니까요.

공부는 나에게만 유독 재미없고 어려운 일이 아니랍니다. 어른이 되어서도 새로운 것을 배우는 일은 늘 쉽지 않아요. 하지만 길고 지루하게 느껴지는 시간을 지나 끝에 다다르면 어느새 내 세계가 한 뼘은 더 넓어져 있다는 것을 알게 될 거예요. 공부는 세계를 이해하는 일이자 내 세계를 조금씩 넓혀가는 일이거든요. 그러니 공부가 놀이처럼 쉽고 재미있지 않다고 해서 실망하거나 좌절할 필요는 없어요. 그리고 유난히 풀리지 않는 어려운 문제 앞에 서게 될 때는 이렇게 말해 보세요.

'이 문제를 풀고 나면 내 세계는 훨씬 더 넓어질 거야!'

SONS AND DAUGHTERS

★

공부가 재미없고 어렵게 느껴져요.

지금 하고 있는 공부 중에 가장 어려운 부분은 무엇인가요?
어려움을 극복하기 위한 자신만의 방법이 있나요?

함께 나눠요

공부가 재미없는 (　　　　　) 에게 들려주고 싶은 말

MOM AND DAD

______도 어렵고 하기 싫은 공부가 있었단다.

학창 시절에 가장 어려웠던 과목은 무엇인가요?
하기 싫은 공부도 꼭 다 해내야 할까요?
하기 싫은 마음을 극복한 방법은 무엇인가요?

함께 나눠요

하기 싫은 공부도 해낸 ______에게 들려주고 싶은 말

년 월 일 요일

목표를 이루는 내가 되는 방법

모두에게는 각자의 목표가 있어요. 한 번에 여러 개의 목표를 세우는 사람도, 한 가지 목표만 세우는 사람도 있을 거예요. 남들에게 대단해 보이는 목표가 있는 사람도, 소박해 보이는 목표가 있는 사람도 있을 테고요. 어떤 목표는 한 번에 이룰 수 있고, 어떤 목표는 단계를 나누어 천천히 이루어 가야 하기도 해요.

목표는 우리가 이루고 싶은 일이나 나아가고 싶은 방향이에요. 내비게이션에 입력하는 목적지와 비슷하지요. 우리의 목적지는 항상 먼 곳이어야 할까요? 가까운 곳을 목적지로 삼는다고 해서 '겨우 거기까지만 가려고?'라고 말하지는 않잖아요. 중요한 것은 '얼마나 멀리 가느냐.'가 아니라 '어디로 가고 있느냐.'예요. 목표도 마찬가지랍니다. 그러니 목표가 항상 거창할 필요는 없어요.

때로 나는 길을 잃고 헤매는 것 같은데, 다른 사람들은 목표를 쉽게 이루는 것처럼 보여서 속상할 때도 있을 거예요. 하지만 목표를 이루는 과정은 길을 찾아가는 일과 닮아 있답니다. 목적지로 가는 길이 하나만 있는 것은 아니잖아요. 그래서 때로는 돌아가기도 하고 잠시 멈추기도 하면서 나아가게 되지요. 처음에 세운 계획대로 되지 않는다고 해서 실패한 것은 아니에요. 단지 다른 길을 통해 가고 있을 뿐이지요. 중요한 것은 가끔 멈춰 서서 현재의 위치를 확인하고, 앞으로 나아갈 방향을 점검하는 일이랍니다. 속도가 느려도, 쉬었다 가거나 돌아가도 괜찮아요. '목적지'만 제대로 설정한다면, 결국 우리는 그곳에 닿게 될 테니까요.

목표를 향해 나아가는 힘은 '빠르게 가는 것'이 아니라 '포기하지 않는 것'에서 나온답니다. 나에게 맞는 속도와 방법을 찾는 과정에서 실수하거나 잠깐 멈추더라도 그 경험은 모두 나만의 길이 되어 줄 거예요. 그러니 조급해하지 말고, 내가 선택한 길을 천천히 하지만 꾸준히 걸어가 보세요. 어느 날 문득 뒤돌아보면 "와, 생각보다 많이 왔네!" 하고 깜짝 놀라게 될 거예요.

SONS AND DAUGHTERS

목표 달성을 방해하는 장애물이 있어요.

함께 나눠요

장애물 앞에 서 있는 ______ 에게 들려주고 싶은 말

MOM AND DAD

삶의 장애물은 뛰어 넘은 방법

학창 시절에 목표 달성을 방해하는 장애물이 있었나요?
장애물은 어떻게 극복했나요?

함 께 나 눠 요

장애물을 뛰어 넘은 ____ 에게 들려주고 싶은 말

년 월 일 요일

정리정돈하고 나면 기분까지 맑아져요.

어떤 사람들은 방 치우기를 몹시 귀찮아해요. 평소에는 엉망진창으로 지내다가 가끔 마음먹을 때만 한꺼번에 정리하기도 하지요. 또 어떤 사람들은 청소를 해도 그만, 안 해도 그만인 하찮은 일로 여기기도 해요. 하지만 정리와 청소는 생각보다 우리 삶에 큰 영향을 미치는 일이랍니다. 방을 정리하고 나면 신기하게도 마음까지 한결 가벼워지거든요.

물건이 여기저기 흩어져 있으면 머릿속 생각도 함께 어지러워지는 느낌이 들어요. 먼지가 쌓인 공간이 건강에 좋지 않다는 것을 말할 필요도 없고요. 우리가 오래 머무는 공간이 지저분하면 마음이 상쾌할 리 없어요. 그런 공간에서는 필요한 물건도 찾기 어려울 거예요. 반대로 책상 위를 정리하고 바닥을 한 번 쓸기만 해도 마음이 갑자기 밝아지는 경험을 해 본 적이 있을 거예요. 정리된 공간은 마치 새로 시작할 수 있는 무대를 마련해 주는 것처럼 느껴지거든요.

게다가 누군가의 도움을 받지 않고 스스로 정리하고 난 뒤에 느끼는 성취감은 특별해요. '내가 해냈다.'라는 생각에 스스로가 대견해지고, 뿌듯함도 느낄 수 있기 때문이에요. 게다가 정리는 생각지 못한 작은 선물을 주기도 해요. 가방이나 서랍을 정리하다가 친구에게 받았던 쪽지를 발견하거나 잊고 있었던 예쁜 스티커를 찾게 될 수도 있거든요. 정리는 공간뿐 아니라 기억과 마음도 함께 정돈해 주는 일이랍니다.

정리는 꼭 날을 잡고 몰아서 하지 않아도 괜찮아요. 반짝반짝 광이 나도록 완벽하게 할 필요도 없고요. 하루에 딱 10분만 시간을 내서 방을 정리해 보세요. 읽은 책은 제자리에 두고, 옷은 접어 서랍에 넣는 것 정도만으로도 충분해요. 이런 작은 정리가 반복되면 어느새 정리하는 습관을 자연스럽게 익히게 될 거예요. 그러면 따로 시간을 들이지 않아도 늘 깔끔한 공간에서 지낼 수 있게 되지요.

조금씩 정리하는 습관이 쌓이면 방도 점점 깔끔해지고, 내 마음도 훨씬 편안해질 거예요. 마음이 편해지면 생각도 또렷해지고, 해야 할 일에 집중하기도 쉬워진답니다. 정리는 단순히 방을 치우는 일이 아니라, 하루를 조금 더 맑게 살아가도록 도와주는 작은 시작이랍니다.

SONS AND DAUGHTERS

재미있게 청소하고 정리하는 나만의 방법

1.

2.

3.

4.

함께나눠요

정리정돈을 위해 노력하는 ________ 에게 들려주고 싶은 말

MOM AND DAD

정리하고 싶은 마음

주변을 둘러보고 가장 먼저 정리하고 싶은 것을 하나 골라 보세요.
그것을 정리하고 싶은 이유는 무엇인가요?

함께 나눠요

정리하고 싶은 마음이 있는 ______ 에게 들려주고 싶은 말

년 월 일 요일

생각을 글로 써 보면 무엇이 좋을까요?

우리 머릿속에는 매일 수많은 생각이 오가요. 과학적으로도 사람은 하루에 5~6만 가지 생각을 한다고 하니, 우리말 중에 '오만 가지 생각'은 꽤 과학적인 표현 같지요. 이렇게 많은 생각 중에는 나에게 힘이 되는 생각도 있고, 나를 괴롭히는 생각도 있답니다.

'나는 왜 이런 것도 못하지?', '저 친구와 비교하면 나는 너무 부족해.' 이런 생각들은 원하지 않아도 불쑥 찾아와 마음을 무겁게 만들지요. 생각은 마음대로 조절하기 어렵고, 내가 언제 이런 부정적인 생각을 반복하는지도 알기 어려워요.

때로 내 감정과 생각을 나조차 잘 모를 때가 있어요. 어떤 마음으로 그런 말을 했는지, 친구의 말을 듣고 어떤 감정을 느꼈는지, 하고 싶은 말은 왜 매번 잘 나오지 않는지 설명하기 어려울 때도 있고요. 너무 당황스럽거나 속상하면 마음도 말도 잠시 닫혀 버리기 때문이에요.

그럴 때는 말 대신 글로 마음을 표현해 보는 것도 도움이 돼요. 글은 서두르지 않고 마음의 속도에 따라 천천히 적어도 되고, 중간에 멈춰도 괜찮으니까요. 마음속 생각을 글로 쓰다 보면 복잡했던 감정이 조금씩 정리되고, 내가 왜 그런 기분이었는지도 알게 돼요. 글이 내 마음을 대신 말해 주는 셈이지요.

글을 쓸 때는 길게 쓰지 않아도 돼요. 때로는 한두 문장만으로도 충분하지요. "오늘은 기분이 이상하다.", "짜증이 났는데 이유를 모르겠다.", "친구에게 너무 서운했다." 이런 글도 다 소중한 기록이에요. 잘 쓰려고 애쓰지 않아도 되고, 맞춤법이나 글씨체도 중요하지 않아요. 이런 글은 다른 사람에게 보여 주기 위한 것이 아니라, 내 마음을 이해하기 위한 기록이니까요.

글은 내 마음을 안전하게 꺼내 볼 수 있는 방법이에요. 마음이 엉켜 있을 때는 종이와 펜을 꺼내 천천히 한 줄씩 써 보세요. 그러다 보면 어느새 엉킨 부분이 풀려 말끔하게 정돈된 마음을 만나게 될 거예요.

SONS AND DAUGHTERS

내 마음이 나에게 하는 말

지금 마음은 어떤가요?
어떤 말을 나에게 하고 있나요?

함께 나눠요

마음을 정리하는 [　　　　] 에게 들려주고 싶은 말

MOM AND DAD

내 마음이 나에게 하는 말

지금 마음은 어떤가요?
어떤 말을 나에게 하고 있나요?

함께 나눠요

마음을 정리하는 ______ 에게 들려주고 싶은 말

끝이 아니라 시작이에요.

이 책에 담긴 40개의 주제는 어땠나요? 어떤 주제는 한 번에 술술 답하기도 했을 것이고, 몇 가지는 끝까지 만족스럽게 쓰지 못했을 수도 있어요. 하지만 그래도 괜찮아요. 왜냐하면 40개나 되는 주제에 대해 생각해 보았다는 것만으로도 이미 충분히 멋진 일이니까요. 무엇보다 중요한 것은 엄마, 아빠와 내가 시간을 내서 마주 앉아 서로를 알아가기 위해 노력했다는 사실이에요. 일기를 쓰는 동안 엄마, 아빠와 부쩍 더 가까워졌나요? 그동안 몰랐던 서로의 모습을 발견하고, 웃으며 이야기를 나누는 시간이었기를 바랍니다.

이 책을 함께 완성해 가는 동안 우리는 자연스럽게 모두 '작가'가 되어 보았을 거예요. 작가는 책의 내용을 하나하나 채워 가는 사람이잖아요. 그런 의미에서 이 책을 오롯이 함께 써 내려간 우리는 모두 이 책의 진정한 작가라고 할 수 있지요.

책이 끝났다고 해서 '나와 우리 가족' 이야기가 끝나는 것은 아니에요. 이 책은 단지 여러분의 시작을 함께했을 뿐이니까요. 이제 언제든 노트 한 권만 있다면, 다시 함께 글을 써 내려갈 수 있을 거예요. 중요한 것은 계속해서 마음을 나누는 일이에요.

우리는 글을 읽고 마음을 나누며 함께 성장했어요. 키가 다 큰 어른도 마음은 계속해서 자라거든요. 나는 나대로, 엄마, 아빠는 부모로서 한 뼘 더 자란 시간이었을 거예요.

이 책은 우리가 함께 성장한 기록이자 앞으로도 계속 이어질 이야기의 출발점이에요. 나와 우리 가족 앞에는 또 어떤 이야기가 기다리고 있을까요? 그 이야기를 어떻게 만들어 갈 것인지는 이제 여러분에게 달려 있어요.

살아가다 보면 꿈을 이뤄서 날아갈 듯 행복한 날도, 세상에 혼자 남은 것처럼 아프고 쓸쓸한 날도 찾아올 거예요. 그럴 때마다 이 책과 이 책을 함께 채워 나가던 시간을 떠올렸으면 해요. 내가 어디에 있든 어떤 모습이든 엄마, 아빠는 늘 든든한 내 편이에요. 이 사실을 믿으면서 앞으로도 씩씩하게 걸어 나가길 바랍니다.

다가오는 모든 날을 응원합니다!

글쓴이 김애리

나와 우리 가족 교환일기

초판발행	2026년 04월 10일 (인쇄 2026년 02월 05일)
발 행 인	박영일
책임편집	이해욱
저 자	김애리
편집진행	이미림 · 김하연
표지디자인	하연주
편집디자인	임아람 · 김휘주
일러스트	기도연
발 행 처	시대인
공 급 처	(주)시대고시기획
출판등록	제 10-1521호
주 소	서울시 마포구 큰우물로 75 [도화동 538 성지 B/D] 9F
전 화	1600-3600
팩 스	02-701-8823
홈페이지	www.sdedu.co.kr

I S B N	979-11-434-0475-6 (73800)
정 가	17,000원

'시대인'은 종합교육그룹 '(주)시대고시기획 · 시대교육'의 단행본 브랜드입니다.